Cat. d'Myers 18242.

LAMYNTE

PASTORALLE

TRADVCTION

NOVVELLE

A PARIS,

Chez TOVSSAINCT QVINET, au Palais, fous la montée de la Cour des Aydes.

M DC XXXIX.

AVEC PRIVILEGE DV ROY.

A

MONSIEVR
MONSIEVR

FERRAND, CONSEILLER
du Roy en ſes Conſeils d'Eſtat, & Priué,
Lieutenant Particulier, Ciuil, & Aſ-
ſeſſeur Criminel, de la Ville Preuoſté,
& Vicomté de Paris, Seigneur de
Ville-Meillan, & de la Coindrie en
Poitou, &c.

MONSIEVR,

Voicy des Eſtrangers qui
ſe viennent ietter entre vos bras & im-
plorer voſtre protection contre les enne-

mis que le mal-heur, ou l'enuie leurs pou-
roient exciter. il eſt vray qu'ils ne ſont
que Bergers, mais ſi vous leur faites la fa-
ueur de les entendre, ie m'aſſeure que s'ils
ſont peu conſiderables par la qualité de
leur condition, vous les trouuerez illu-
ſtres par les nobles temoignages qu'ils
vous donneront de leur vertu. L'Italie qui
les a veus naiſtre, les a pareillement admi-
rez, & ce grand Taſſe qui les à produits à
rendu ſon nom immortel par l'immorta-
lité de leur gloire. Souffrez donc Mon-
ſieur, quils ayent l'honneur de vous en-
tretenir, & accordez vn moment d'au-
dience au recit de leurs aduentures ; afin
qu'ils eſpreuuent auiourd'huy en vous
cette courtoiſie qui eſt ſi naturelle à toute
la France, & que vous ſçauez exercer de
ſi bonne grace, qu'il n'y a perſonne qui
vous puiſſe diſputer ces aduantages. Mais
Monſieur il n'eſt pas neceſſaire de vous
ſolliciter à leur faire vne faueur que vo-
ſtre bonté accorde ordinairement à tout
le monde: Ayant herité de la charge &

EPISTRE.

des vertus de cet augufte perſonnage
Anthoine Ferrand voſtre pere : les
ſoins qu'apres luy vous auez pris depuis
vingt ans, & du public, & du particulier,
perſuade aſſez à ce genereux Amynte que
ie vous preſente que vous ne l'abandon-
nerez point à la mercy des enuieux, & des
ignorans qui ne cognoiſtront pas pluſtoſt
que vous luy faites l'honneur de le prote-
ger, qu'ils feront contrains de ſe taire, &
de reſpecter l'authorité de vos ſentimens.
C'eſt ce qu'il ſouhaitte auec paſſion , &
qu'il attend auec impatience , afin qu'a-
pres cette grace, il puiſſe publier par tout
le monde les effects de voſtre generoſité,
& les extremes obligations que vous
aura toute ſa vie,

MONSIEVR,

Voſtre tres-humble tres-obeiſſant & tres-
affectioné ſeruiteur T. QVINET.

PRIVILEGE DV ROY.

OVIS PAR LA GRACE DE DIEV ROY DE FRAN-
CE ET DE NAVARRE, à nos amez & feaux Conseillers les Gens
tenans nos Cours de Parlement Maistres des Requestes ordinaires de
Nostre Hostel, Baillifs, Seneschaux, Preuosts, leurs Lieutenans, & à tous
autres de nos Iusticiers & Officiers qu'il apartiendra, Salut. Nostre cher &
bien amé Toussainct Quinet, Marchand Libraire de nostre bonne ville de
Paris, nous à fait remôstrer qu'il desireroit faire imprimer vne piece de theatre intitulée
Lamynte Pastoral'e Traduction nouvelle, ce qu'il ne peut faire sans auoit sur ce nos lettres
humblement requerant icelles A CES CAVSES desirant fauorablement traitter ledit
exposant, nous luy auôs permis & permettons par ces presentes de faire imprimer, vendre
debiter en tous lieux de nostre obeissance, ledit liure en telle marge & tel caracte &
autant de fois que bon luy semblera durant le temps & espace de *huict ans,* entiers &
accomplis à conter du iour que ledit liure sera acheué d'imprimer pour la premiere
fois, & faisons tres-expresses deffenses à toutes personnes de quelque qualité & condi-
tion qu'elles soient de l'imprimer faire imprimer vendre ny debiter durant ledit
temps en aucun lieu de nostre obeissance sans le consentement de l'exposant, souz
pretexte d'augmentation, correction, changement de tiltre, fauces marques ou autres
en quelque sorte & maniere que ce soit, à peine de trois mille liures d'amande paya-
ble sans deport, nonobstant opositions ou appellations quelconques par chacun des
contreuenans, appliquables vn tiers à nous, vn tiers à l'Hostel Dieu de nostre bonne
ville de Paris, & l'autre tiers audit exposant, confiscation des exemplaires contrefaits &
de tous despens dommages & interests a *condition qu'il en sera mis deux exemplaires en*
nostre Biblioteque publique, & vn en celle de nostre tres-chef & seal le sieur Segnier Chevalier
Chancelier de France, auant que de les exposer en vente, à peine de nullité des presentes, du
contenu desquelles nous vous mandons que vous fassiez ioüir & vser plainement &
paisiblement ledit exposant, & tous ceux qui auront droit de luy sans aucun empes-
chement, Voulons aussi qu'en mettant au commencement ou à la fin dudit liure vn
extraict des presentes, elles soient tenuës pour deuement signifiées & que foy y soit
adioustée, & aux copies d'icelles collationnées par l'vn de nos amez & feaux Conseil-
lers & Secretaires, comme à l'original, Mandons aussi au premier nostre Huissier ou
Sergent sur ce requis de faire pour l'executió despresentes tous exploits necessaires sans
demander autre permission. CAR TEL EST NOSTRE PLAISIR, Nonobstant cla-
meur de Haro, & Chartres Normandes & autres lettres à ce contraires. Donné
à Chateau le 14. iour de May, l'an de grace mil six cens trente huict & de nostre regne
le vingt huictiesme.

Par le Roy en son Conseil,

DEMONCEAVX.

Les exemplaires ont esté fournies, ainsi qu'il est porté par les lettres de Priuilege.

Acheué d'Imprimer pour la premiere fois le 28. May, 1638.

Je ne parlere plus
rien que mon mal empire
a quoy sert de vous le dire
au triste estat ou Jeme voie reduct
beaux yeux qui cognoisiez
ma douleur me presse
me plaindrai je sans cesse
et naures vous Jamais les
vn bon moment pour moy

Bergers en vain dans l'innocence
Des lieux esloignez, de la cour
Pensez vous viure en asseurance
Contre les flesches de l'amour

Il se change comme vn Prothée
Et soubz vne forme emprunt[ée]
Il charme les sens et les yeux
Mais qui le pouroit recognoistre
Puis qu'vn habit rude et champestre
Cache le P' puissant des Dieux.

LAMINTE
DV SEIGNEVR
TORQVATO TASSO
accommodée au Theatre François.

PROLOGVE,

AMOVR (Deguifé en Berger.)

Vi iamais eut penſé que ſous la forme humaine
Vn Dieu voulût cacher ſa grandeur ſouueraine:
Qui iamais eut penſé qu'il fut venu loger
En ces lieux écartez, comme vn ſimple Berger.

PROLOGVE.

Celuy qui pres des murs d'vne ville sapée
A fait tomber cent fois l'impitoyable épée.
Du grand Dieu des combats, & qui sur ces Au-
tels
Captiue les desirs de tous les immortels.
Celuy de qui le feu peut eteindre la foudre
Dont Iupiter tonnant met les Palais en poudre,
Qui luy fait trauerser malgré tous ses riuaux
La terre sous le nom de diuers animaux;
Qui pour Endymion fit descendre la Lune;
Qui fait tomber des mains le trident à Neptune;
Et qui du moindre éclat de ses traits glorieux
De tous les Elemens se rend victorieux.
Ce changement d'habit ne change pas mon estre;
Et quand mesme Venus pourroit me reconnétre
Voyant que dans les boys ie viens tenir ma Cour,
Elle me iugeroit pour tout autre qu'Amour.
Je me suis derobbé loin de cette importune,
Qui veut rendre sa flâme à ma gloire commune;
Et qui pense borner mon Empire & mes loix
Dedans les seuls Palais des Princes & des Roys;
Comme si les Bergers ne portoient pas mes mar-
ques
Aussi bien que les Dieux & les plus grands Mo-
narques,
Elle ne veut souffrir d'habiter les hameaux

PROLOGVE.

Qu'aux plus ieunes Amours au son des chalu-
   meaux;
Ny d'allumer au cœur de la troupe champétre
La naturelle ardeur que leur flâme faitnaitre.
Mais bien que d'vn enfant ie semble auoir le front
Ie ne veux pas souffrir vn si sensible affront,
Ny flechir sous Venus à mon desauantage,
Elle n'eut pas l'honneur d'auoir pour son partage,
Quand l'Vniuers naquit, les Traits ny le Bran-
   don,
Ce fut moy qu'on iugea digne d'vn si beau don.
Ie veux donc desormais vser de ma puissance
Sans me soumettre plus à son obeissance.
Elle doit son pouuoir à sa seule Beauté,
Je ne releue point de son authorité.
En vain quand ie la fuis dans quelque solitude,
Elle me va cherchant auec inquietude,
Et promet des baisers à qui m'enseignera
Pensant par ce moyen qu'on me decelera.
Pas vn de ces Amans de qui ie suis le maitre
Ne veut pour l'obliger me faire reconnetre,
C'est inutilement qu'elle va sur mes pas,
Elle peut s'assurer de ne me trouuer pas.
Pour estre moins connu i'ay déguisé mes charmes,
Ieme suis depoüillé de mes superbes armes;
Ie n'ay plus sur les yeux le bandeau que i'auois,
Et ie ne porte plus mon arc ny mon carquois:

PROLOGVE.

Mais sans qu'il soit besoin qu'aucun trait ie deco-
che,
Mon abord est fatal à tous ceux que i'approche.
Ainsi ie ne viens point tout à fait desarmé
En ses aymables lieux dont mon cœur est charmé;
Ma houlette est mon Sceptre, & ie porte des fla-
mes
Qui me font triompher des plus superbes ames.
Vn seul trait me suffit par qui victorieux
Ie me fais adorer des hommes & des Dieux.
C'est auec celuy c'y qu'il faut que ie surmonte
Le cœur d'vne Beauté qui de moy ne tient conte,
D'vne Nymphe qui veut passer parmy les bois.
Le plus beau de ses iours exempte de mes Loix.
Vn si noble dessein contentera l'enuie
Que i'ay d'assuietir la rebelle Syluie.
Ayant receu du Ciel mon pouuoir immortel,
De ce que i'entreprens l'effet en sera tel,
Que parut autrefois dans vne égale attainte
Celuy qui captiua la liberté d'Amynte,
Lors que parmy les bois il luy portoit ses traits
Charmé de la vertu de ses plus doux attraits
Mais afin que mon coup fasse plus d'ouuerture,
I'attendray le succez d'vne telle auanture,
Et que se laissant vaincre à sa fidelité
Cette Nymphe pour luy n'ayt plus de cruauté,

PROLOGVE.

Alors me paroiſſant tout à fait amollie,
Ie feray dans ſon ſein ma premiere ſaillie,
Et malgré ſes efforts, ie ſçay bien qu'apres tout,
I'auray trop de moyens pour en venir à bout.
Mais pour mieux acheuer vn ſi ſubtil ouurage,
Et de mon artifice en tirer auantage,
En habit inconnu ie m'en vay me gliſſer
Au milieu des Bergers que i'appercoy danſer.
La ie feray mon coup, & ſans eſtre viſible
Aux yeux les plus ſubtils ie me randray nuiſible
Ainſy dans les foreſts s'entendront nuit & iour,
Et Faunes, & Bergers, qui parleront d'amour,
Car ie recueilleray dans ce Deſert ſauuage
Les doux fruits que i'attens d'vn penible voyage,
Et les Amans verront que d'vn boys écarté
I'en ay fait le ſeiour de ma Diuinité.
Ma main fera gliſſer dans le profond des ames
Qui viuent en ces lieux, la vertu de mes flames;
Et ie leur donneray parmy ces mouuemens
Pour d'aymables ſuiets de nobles ſentimens;
Par ce qu'en quelqu'endroit que ie puiſſe parétre
Ie ſuis touiours Amour, & ne ceſſe pas d'eſtre
Auſſy bien des Bergers le vainqueur glorieux,
Que ie le ſuis par tout des Heros & des Dieux
Que ſi pour m'enuier ma Mere trouue étrange

PROLOGVE

Que par ce beau ſuccez i'augmente ma loüange ;
Et ne reconnoit point qu'elle eſt deuë au Brandon
Que porte dans ſa main l'illuſtre Cupidon ;
Alors il paroitra par ſon erreur extreme
Qu'elle à pris le bandeau que ie portois moy méme.

AMY LECTEVR.

IE ſçay bien que d'abord tu blameras la temerité qui me fait marcher ſur les pas du plus grand homme qu'aiſt iamais produit l'Italie, ie ne doute point auſſi que tu ne iuges en meſme temps que ſi ma faute eſt grande elle eſt excuſable , puis que te donnant vne imitation , & non point vne pure traduction, par le commandement de mes intimes amys , ie me ſuis plus picqué en ſon impreſſion d'obeiſſance que de gloire , que ſi tu m'honnore tant que de ietter les yeux deſſus, ie te coniure de la lire comme vn protecteur, & non pas comme vn feuere critique, conſiderant que les plus belles penſees du Taſſe n'y ſont pas oubliées, & quelles ont eſté fidellement traduittes. Excuſe les fautes que l'Imprimeur y peut auoir faites.

ACTEVRS.

AMOVR, Desguisé en Berger.

AMYNTE, Berger, amoureux de Syluie.

TYRSIS, Berger amoureux de Nerine.

ERGASTE, Berger.

ELPIN, Berger.

MONTAN, Berger pere de Syluie.

DAPHNE', Bergere.

SYLVIE, Bergere.

NERINE, Bergere.

ARISTIDE, Disciple d'Esculape.

LERIDAM, Sortant de l'eau.

SATYRE, amoureux de Syluie.

LA SCENE EST A FERRARE.

Daphne si lexces du bien dire
Pouuoit forcer la volonté
Siluie ou courage indompté
Desia sentiroit du martire.

Venus ce moque des discours
Tu scais que ses petits amours
Naissent des yeux et de lidée
Et quauallant leur doux poison
Nostre ame ce trouue guidée
Contre leffort de la raison

LAMYNTE
PASTORALLE.
ACTE I.

DAPHNE' SYLVIE TYRSIS, AMYNTE.

SCENE PREMIERE.

DAPHNE', SYLVIE, DAPHNE'

QVoy ne veux tu iamais, adorable Syl-
uie,
Gouſter les paſſe-temps d'vne plus dou-
ce vie?
Et ne veux tu iamais, embraſſant les plaiſirs,
Faire naitre en ton ſein les amoureux deſirs?

A

Trouueras tu tousiours cette parole amere
Dont se sert vn enfant quand il nomme sa mere?
Enfin ne veux tu pas, orgueilleuse beauté,
Donner de tes neueux à la posterité ?
Non non si tu m'en croys change cette pensée
Contre qui la raison paroit estre offensée :
Et sans deliberer sur vn si beau dessein
Ouure au Dieu de l'Amour le profond de ton sein.

SYLVIE.

Estime qui voudra rigoureux le martyre
Que souffrent tous les cœurs qui sont sous son Empire.
Se plaigne qui voudra pour de charmants attraits,
De moy mon passe-temps ne git que dans ces traits,
Je mets tout mon plaisir en la chasse des bestes,
Et ie fay de leur mort mes plus belles conquétes ;
Ainsi tant que le cerf, & le cheureul au bois
Me forceront d'auoir cet arc & ce carquois,
Ie te puis asseurer qu'vne nouuelle enuie
Ne changera iamais les plaisirs de ma vie.

DAPHNÉ

Faut il, cruelle humeur, que ces contentemens
Te fassent mépriser les vœux de tes Amans :
Mauuaise tu cheris cette sorte de vie,
Pour n'en auoir iamais de plus belle suiuie.

SYLVIE.

Ie croy , chere Daphné, qu' autre qu' elle iamais
N' apporta dans l' esprit vne plus douce paix.

DAPHNE'

Ainsi l'on remarqua ceux qui dans l'innocence
Habiterent iadis le monde en sa naissance,
Exempts de la rigueur de nostre âge sanglant,
Ne boire que de l'eau, ne manger que du gland;
Mais depuis que Ceres fit iaunir les Campagnes,
Et que le vin coula du sommet des montagnes,
Nous vsâmes plus fins de nouuelles boissons
Et de mets delicats changez en cent façons.
Si tu veux donc Syluie assuietir ton ame
A l'Empire d'Amour, & reuerer sa flame,
Ton cœur confessera de ses plaisirs charmé,
Qu'il n'est rien que d'aymer ainsi que d'estre aymé.
Ie manquois, diras tu, d'esprit & de finesse,
De passer vainement ma plus tendre ieunesse,
Sans vouloir recueillir les agreables fruits,
Que ie pouuois tirer de tant de belles nuits.

SYLVIE.

Daphné quand ie feray des plaintes si friuoles,
Quand ie prononceray de si lasches paroles,

Et quand tu me verras les aiguillons sentir,
Que produit dans l'esprit vn soudain repentir:
Tous nos fleuues captifs, en rebrouss ant leur course,
Reporteront leurs eaux à leur premiére source:
Le Loup redoutera d'approcher les aigneaux,
L'Ours s'en ira chercher la demeure des eaux;
Et le Dauphin quittant les humides campagnes
Se plaira d'habiter les plus hautes montagnes.

D A P H N E'

Ta ieunesse te fait méprifer à ce iour,
Pour la Reyne des boys, la puiss ance d'Amour.
Ainsy ie refusois à ce Dieu ma franchise,
Lors qu'vn méme dessein sembloit m'auoir surprise:
Je pourfuiuois tousiours le sanglier & le daim,
Et mon front fe couuroit d'vn superbe dédain:
Mais comme on voit le temps peruertir toute chofe,
Le temps fit de moy méme vne metamorphose;
J'appris ce que pouuoient à mon contentement
Les importuns foupirs qui viennent d'vn Amant;
Et qu'vne fille enfin doit paroiftre amolie,
Alors qu'à fes genoux fouuent il s'humilie.
Vne nuit me fit voir plus que par leur clarté
Mille iours ne m'auoient montré de volupté:
Elle fut le suiet par qui mon ignorance
Trouua dans fes malheurs de la reconnoissance:

Ce qui fit que ie dis, quoy que trop tard encor,
A Diane ; Reprens & ton arc & ton cor,
Pour iouir en repos de si grandes delices
Ie ne puis deformais te vouer mes seruices :
De méme nous verrons t'on Amynte vainqueur,
Et posseder luy seul l'empire de ton cœur.

SYLVIE.

Tu croys ce que tu dis, mais scache que mon ame
Insensible à l'Amour se mocque de sa flame ;
Et que i'aymerois mieux mourir dix mille fois,
Que de suiure iamais ses tyranniques loix.

DAPHNE'

Pourquoy pour ce Berger ton cœur est il de glace ?
N'est-il pas descendu d'vne assez noble race ?
Et t'imagines tu que son nom soit trop bas
Pour posseder vn iour de si charmant appas.
Non si l'on voit Cydippe en toute sa famille
T'auoüer hautement pour son vnique fille,
Luy qu'vn fleuue diuin par vn sort bien-heureux
Autrefois engendra sur ses bords amoureux.
Il est fils de Syluain, que le Ciel a fait naitre
De Pan, qui des Bergers est le souuerain maitre.
Ce qui me fait juger que pour la qualité.

Tu n'y sçauroy trouuer de l'inegalité.
Mais pour mieux t'obliger à terminer sa peine,
Consulte tes beautez dedans quelque fontaine;
Et voy si de ton teint les Roses, & les Lys,
Te peuuent égaller auec Amaryllis.
Elle sent toutefois des douleurs pour Amynte,
Qui charmé de tes yeux se mocque de sa plainte
Et dans la passion dont amour la surprend,
Luy porte des respects que luy méme te rend.
Fassent les iustes Dieux que sa volonté dure;
Car s'ils flechit iamais aux peines qu'elle endure,
En se donnant tous deux la coniugale foy,
Son esprit dessillé se mocquera de toy.

SYLVIE.

Que ne peut-il déja me traiter de la sorte :
Ou il change de dessein tout cela ne m'importe;
I'auray trop de bon-heur Daphné si iay le bien
Que cét ambitieux ne se dise pas mien.

DAPHNE'

Dy moy d'où peut venir le suiet de ta hayne.

SYLVIE.

Il procede d'Amour seul Autheur de sa peine.

DAPHNE'

Dieux qui croiroit iamais qu'vne telle beauté
Conceut tant de rigueur, & d'inhumanité.

SYLVIE.

Ma réponse te cause vn deplaisir extréme.

DAPHNE'

Tu te trompe Siluie, ou me trompe moy mesme.

SYLVIE.

I'abhorre son amour, dont l'importunité
Tend des pieges secrets à ma pudicité.
Ie le soulois aymer lors que plain d'innocence
Il n'addressoit des vœux qu'à mon obeissance.

DAPHNE'

Le voudrois tu blasmer s'il procure ton bien.

SYLVIE.

Tu crois qu'il me cherit, & moy ie n'en croy rien.
Si tu veux que ma voix à tes discours responde

Ne parle plus d'vn Dieu qui bleſſe tout le monde.

DAPHNE'

Si quelqu'autre pouuoit t'aymer également,
Luy ferois tu ſouffrir vn ſi cruel tourment?

SYLVIE.

Un autre tel que luy de pareille bleſſeure
En tireroit ſans doute vne pire auenture;
Car tous les cœurs qu'Amour à ſes loix à ſoumis,
Sont indifferemment mes mortels ennemis.

DAPHNE'

S'il auient que l'Amour paſſe dans ton caprice
Pour vn Dieu criminel, la vertu ſera vice,
Les ieniſſes fuiront l'aproche des taureaux,
Et l'air ne ſera plus l'element des oyſeaux,
Dans des triſtes deſerts les tourdes ſi fidelles
S'en voleront bien loin de leurs douces femelles,
Et meſme l'on verra les hommes inconſtans
Eſtimer plus l'hyuer que l'aymable printemps.
Non non ſi tu me crois, quitte la ce langage,
Qui ne ſera iamais qu'à ton deſauantage.

Ayme

PASTORALLE.

Ayme qui te cherit, puisque cette saison
Semble par ses obiets chatoüiller ta raison.
Regarde ce pigeon, qui dans cette campagne
D'vn murmure secret carresse sa compagne,
Voy ces autres oyseaux qui semblent t'inuiter
A vouloir auiourd'huy leurs plaisirs imiter?
Entens ce Rossignol, qui d'vn amour extréme
Chante sur ces lauriers que son semblable il ayme,
La couleuure desia d'vn sentiment benin
Pour chercher son Amant depouille son venin,
Et les tygres cruels aux forests d'Hyrcanie,
Pour adorer Amour ont leur rage bannie,
Enfin on voit par tout à genoux les mortels
Dans les Temples sacrez parfumer ses Autels.
Et tu seras la seule en toute la Nature,
Qui ne sentiras point l'effect de sa blesseure?
Change change pour luy ton dessein odieux:
Consacre tes desirs a ce maistre des Dieux,
Et regarde combien ses fleches sont puissantes,
Puis qu'il fait soupirer iusques aux moindres plan-
tes.

SYLVIE.

Quand quelqu'abre pour luy deuant moy pleurera
Exempt des cruauté mon cœur soupirera.

D A P H N E'

Tu ris de mes discours fille trop insensee;
Et fais mal à propos vn ieu de ma pensée
Mais sçache que l'espreuue vn iour te fera voir,
S'il faut ainsi fouler le celeste pouuoir.
L'on te verra courir difforme par nos plaines
Sans t'oser regarder dans les claires fontaines,
Et tes premiers Amans, te voyant sans appas,
Cesseront de t'aymer, & ne te voudront pas,
Pour mieux t'en asseurer, ie me souuiens encore
Des discours, que tenoit dans l'Antre de l'Aurore,
Le miserable Elpin sur de semblable ris,
Dont le récompensoit la belle Lycoris.
Il luy representoit qu'vne cauerne noire,
Dans le goufre fatal ou se perd la memoire,
Regorgeoit des vapeurs du puant Flegeton,
Et de l'air enfumé des fourneaux de Pluton,
Que l'on ny bannissoit les femmes insolentes
Des seruices rendus iadis méconnoissantes,
Ou pour les bien punir, les yeux baignez de pleurs,
On leur faisoit souffrir déternelles douleurs.
Attends si tu me crois qu'vne méme auenture
Te prepare à la fin vne méme torture;
Puis qu'au mépris des Dieux, tu fais de ta beauté
L'obiet de tes dedains & de ta cruauté.

SYLVIE.

Mais que luy répondit cette ieune Bergere ;
S'opposa t'elle encore à sa iuste priere ?

DAPHNE'

Elle luy respondit d'vn seul trait de ses yeux.

SYLVIE.

Quoy ? son ressentiment ne s'expliqua pas mieux.

DAPHNE'

Elle receut enfin apres vn tel langage
Ses pleurs, & ses soupirs comme vn diuin homma-
ge.
Mais n'oublias tu point ce qu'escriuit Tyrsis
Racontant aux forests ses amoureux soucis.
Lors qu'il portoit par tout sa pauure ame abusée,
Et qu'à tous les Bergers il seruoit de risée,
Leur donnant dans l'excez d'vne estrange fureur
De iustes sentimens despouuente & d'horreur :
Encor qu'il escriuit sur l'ecorce des plantes,
Dans ces foles humeurs, des paroles sçauantes ;
Et que sa main grauàt dessus les saules verds

En diuerses façons ces veritables vers.
Trompeurs miroirs du cœur infidelles lumieres
Ie reconnois en vous de frauduleux appas.
Mais que me sert cela mes douleurs coustumieres
Ne peuuent s'euiter Amour ne le veut pas.

SYLVIE.

Ie consume le temps en ce lieu solitaire
Sans me ressouuenir de là chasse ordinaire,
Permets auparauant que de t'accompagner
Que pour me rafraichir ie m'en aille baigner,
Et laisser la poussiere en cette onde prochaine,
Dont le iour precedent m'a couuerte la plaine,
En poursuiuant vn daim, que le soir ie lassay,
Et que finalement de mes traits ie perçay.

DAPHNE'

Je te suiuray depres, mais vne grande affaire
M'appelle à la maison, ou ie suis necessaire.

SYLVIE.

Ie ne tarderay point de me rendre en ce lieu
Mais vai' en promptement, & ne fais point d'a-
dieu.

DAPHNE' *(en s'en allant)*

Pense si tu m'en crois à mon premier langage,
Et finys d'vn Amant le rigoureux seruage,
En luy sacrifiant & ton cœur & ta foy,
Connoy ce que l'amour te declare par moy.

SCENE II.

TYRSIS, AMYNTE,

AMYNTE.

Ar mes soupirs ardens les roches sont
   fendues,
   Les arbres desseichez, & les neiges fon-
   dues.
Ie me meurs, cher Tyrcis, depuis l'heure & le iour
Que ie consume au feu d'vn mal-heureux amour,
Sans auoir pour cela, iamais treuué ma belle
A mes iustes desirs qu'implacable & rebelle.
Pour moy ie ne croy pas qu'vn corps tant estimé,
Fut iamais d'vn esprit raisonnable animé.

B iij

TIRSIS.

L'aigneau mange les fleurs au leuer de l'Aurore,
Et le loup par les champs ses entrailles deuore;
Mais aussi tost qu'Amour d'vn coup malicieux
Darde subtilement son poison dans nos yeux,
Iamais il n'est content de soupirs ny de larmes,
Tant il est inhumain, & tant il à de charmes.

AMYNTE.

Amour & ma cruelle apres tant de douleurs
Ne sont ils pas repus du ruisseau de mes pleurs.

TYRSIS.

Amynte ie te plains, & faut que ie t'auoüe,
Que ie ne sçaurois voir qu'àmour de toy se ioüe
Je ne puis te souffrir en telle extremité.
Crois-tu bien ta Syluie vnique en sa beauté.
Cherche tu peux trouuer vne autre plus aymab'
Dont la fidelité te rendra le semblable,
Et qui te cherissant enfin prendra pitié
Lors que tu le voudras de ta sainte amitié.

AMYNTE.

Helas! côment veux-tu qu'en mon erreur extreme,
Ie recherche quelqu'vn sy ie me perds moy méme,

TYRSIS.

Ne desespere point, à la fin sa rigueur,
Contre tes sentimens n'aura plus de vigueur.
Le temps en éteignant ton amoureuse braise,
Flechira le dedain de cette humeur mauuaise.

AMYNTE.

Mais helas ie ne puis estant pres de ma mort
Accorder ce delay par vn dernier effort.

TYRSIS.

Ce delay sera court, sçays-tu pas que la femme
Apaise en vn moment & souleue son ame.
Elle de qui l'esprit si foible & si mouuent
En diuerse façon se tourne à chaque vent.
Mais en quel lieu fatal ta liberté surprise
Perdit elle en l'aymant sa premiere franchise.
Tu m'as tousiours bien dit que ton esprit charmé
Adoroit vn suiet sans qu'il en fust aymé:

Mais tu ne m'as point dit le nom de l'infidelle,
Qui pour tant de respects se montroit si rebelle.
Donc pour m'en éclaircir raconte moy comment
Ton malheureux destin prit son commencement.

AMINTE.

Apprens pour satisfaire à tes iustes prieres
Ce que sçauent les mons, les forests, les riuieres:
Et connoy ce qu'enfin mes rigoureux tourmens
Ont desia fait sçauoir à tous les elemens.
Estant pres de ma fin il est bien raisonnable
Que quelqu'vn soit temoin de mon sort deplorable
Qui voyant mon trespas s'en aille discourir
Aux Bergers du suiet qui me force à mourir:
Et qu'il graue mes maux sur vne escorce tendre
Aupres du monument qui couurira ma cendre,
Afin que ma Syluie en passant par ces lieux
Puisse ietter dessus ses homicides yeux;
Et qu'elle ayt le plaisir de comtempler sa gloire
Dans le ressouuenir d'vne t'elle victoire;
Dont le fameux esclat dans l'esprit des Bergers
Luira tout aussi bien que chez les Estrangers.
Peut-estre elle dira, pleurant de ma disgrace,
Que ne m'est-il permis de voir encor sa face;
Et que i'auois grand tort de mépriser vn bien,
Aueugle que i'estois, qui pouuoit estre mien.

Mais

Mais ie flatte mon mal ie suis trop miserable,
Entens de mes malheurs la suitte veritable.

TYRSIS.

Ie t'écoute, poursuy, i'ay conceu dans le sein
Pour guerir ta douleur vn excellent dessein.

AMINTE.

Le temps, qui detruit tout, de ma sixiesme' année
Auoit à peine aux Cieux la course terminée,
Qu'vn accez iournalier d'honneste liberté
M'vnit au racourcy de toute la beauté.
I'admiray les appas du plus parfait visage,
Dont Nature iamais embellit son ouurage;
Et ie consideray, plein de rauissement,
Ce que le monde entier eut iamais de charmant.
Ne reconnois tu pas cette Nymphe adorable,
Qui de Cydippe rend l'honneur recommandable
Cette fille qui fait son renom eternel,
Pour l'auoir reuestu du tiltre paternel.
Enfin n'as tu iamais remarqué dans ta vie
La celeste clarté des beaux yeux de Syluie.
Si tu la reconnois, c'est d'elle dont ie veux
Grauer sur mon tombeau l'histoire a nos neueux.

Mais helas! Cher Tyrſis , quand cette heure impor-
　　tune ,
Me force au ſouuenir de ma bonne fortune :
Mon ame pour ſortir fait de ſi grands efforts ,
Que ie croy qu' à regret elle habite mon corps.
Nous viuions autrefois dans vne ardeur ſi ſainte ,
Que l'on n'euſt pû ſans crime en diſſoudre l'etreinte :
Car nous nous cheriſſions tous deux iuſqu'à ce point ,
Que nous auions iuré de ne nous quitter point.
Nous nous entreuoyons preſque toutes les heures ,
Dedans vn meſme lieu s'eleuoient no: demeures ,
Et nos deux cœurs charmeȥ de leur conformité ,
Agiſſoient ſeulement par vne volonté
Auec elle ſouuent i'appliquois mon eſtude
A tendre des filets dans quelque ſolitude ,
Ou le long des ruiſſeaux ie i'ettois aux poiſſons
Pour les tirer à moy de trompeurs ameçons.
Et ſi parfois i'auois en vn iour fauorable
En chaſſant , ou peſchant , fait quelque gain nota-
　　ble ,
Le ſoir nous partagions pleins de contentement
Noſtre commun butin tous deux egalement.
Mais comme ie prenois par vne erreur extreme
Les oyſeaux par les champs , ie me vy pris moy meſ-
　　me ,
Ie ſentis dans mon ſein ecouler vn poiſon ,
Qui d'abord me priuant d'eſprit ⅃ de raiſon ,

Me fit aſſez iuger qu'vne rude ſouffrance
Banniſſoit de mon cœur ſa premiere innocence;
Et ie m'imaginay que quelque obiet charmant,
Auoit pour m'attirer la vertu de l'aymant.
Tout le temps que i'etois abſent de ma Syluie,
Ie ne le contois plus dans les iours de ma vie.
I'auois le cœur bleſſé par d'aueugles deſirs,
Ie me laiſſois gaigner à mille déplaiſirs,
Dont le moindre liurant mon ame à la torture,
Me faiſoit ſoupirer l'eſtat de ma bleſſeure.
Enfin lors que i'eſtois eſloigné de ſes yeux,
Le meilleur entretien me ſembloit odieux.
Voila comme i'aymay deuant que reconneſtre
Ce que c'eſtoit qu'Amour, ny qui l'auoit fait nai-
tre.
Mais il me montra bien quel eſtoit ſon pouuoir,
Comme par le ſuccez tu le pourras ſçauoir.
Vn beau iour de printemps Philis auec Syluie
Paſſoient dedans vn tré leur innocente vie,
Ou pour authoꝛ   urs amoureux deſirs
I'eſtois le ſeul   n de leurs chaſtes plaiſirs :
Q   reſſentit ſur ſa bouche vermeille
L.   nimeux d'vne importune abeille;
Q   l'y trouuer les celeſtes humeurs
Qu'el   it tirer de l'eſſence des fleurs,
Parl   uit fatal d'vne meſme ouuerture,
u gliſſer, ſur ſa levre vne double picqueure;

Et puis l'abandonna, comme si le matin
Elle eut rauy des prez le plus riche butin.
Philis, que la douleur obligeoit à se plaindre,
N'eut iamais le moyen de se pouuoir contraindre,
Elle se tourmenta, s'affligea de son mal,
Maudit cent mille fois ce petit animal,
Qu'elle eut asseurement bien maudit dauantage,
N'eut esté que Syluie arresta ce langage,
Luy disant, Pense-tu pour cela de mourir?
Non non quitte ces cris, i'ay de quoy te guerir.
Ie sçay dans quatre vers la vertu de deux char-
    mes,
Qui chassant le venin feront tarir tes larmes,
Ie les tiens d'Arzias s'il m'en souuient encor,
Ie l'en recompensay d'vn arc enrichy d'or.
Se leuant aussi tost la blesseure elle touche
Par trois ou quatre fois de sa diuine bouche,
Murmure entre ses dents certains vers enchan-
    tez,
Dont i'ignorois la suitte & le. proprietez.
Miraculeux effet, au moment qi.   cheue
Philis trouue à ses maux vne agrea
Soit que ces vers secrets en eussent le p
Comme la verité le sembloit faire voir
Soit que sa bouche aussi, cette source a
Qui les disoit tout bas eut produit ces mir

Moy voyant ce succez, il me vint vn desir
D'vser fort à propos d'vn semblable plaisir.
Mon ame à ce besoin mal polie & confuse
Prit le flambeau d'Amour pour trouuer cette ruse,
Qui me fit voir enfin me rendant glorieux
Qu'vn Amant doit tousiours parestre ingenieux :
Ie feignis que depuis d'vne atteinte pareille
Me venoit de piquer vne seconde abeille,
Ie me plaignis tout haut, mais bien accortement,
Disans ne pouuoir plus supporter ce tourment.
Syluie à ce besoin me presente son ayde,
Ie ne refuse pas le precieux remede :
Elle approche soudain son visage du mien,
Et repliqua ces vers qu'on n'entendoit pas bien
Iuge de mes transports, considere mon ayse,
Et si pour lors s'accreut mon amoureuse braise.
Le plaisir me rauit tellement la raison,
Que mon cœur fit vn vœu de mourir en prison
O doux contentement! agreable memoire!
A quel point de bon-heur portâtes vous ma gloire:
A fin que vous deuriez, auiourd'huy vous pouuez
Dire à l'eternité ce que vous en sçauez.
Helas des ce moment en vain ie voulu feindre,
Iamais ie n'eus moyen de me pouuoir contraindre,
Vn desir importun me pressa d'implorer
Le secours que ses yeux me faisoient esperer.

Si bien qu'à nos Bergers, assis parmy la plaine,
Je voulus declarer le suiet de ma peine,
Par vn ieu qu'on faisoit, où chacun doucement
Disoit à son voisin son penser librement ;
Mon tour estant venu, ie luy dis à l'oreille,
Mon cœur brusle pour vous d'vne ardeur nompa-
   reille
Et si vous ne donnez à mes maux du secours,
Ma vie en peu de temps terminera son cours.
A peine auois ie dit pour toucher cette ingratte,
Que sur son front d'yuoire vne rougeur eclatte,
Qui temoignant d'abord la honte & le couroux,
Comme vn eclair subtil la deroba de nous,
Sans me vouloir donner pour toute recompense,
Que ce que peut donner la rigueur d'vn silence,
Qui pour le digne prix de ma fidelité,
Me priuera bien tost de la douce clairté.

TYRSIS.

Se peut-il faire, Amour, que son sein soit de roche
Contre les traits dorez que ton bras luy decoche.
Cette ingratte beauté, digne de châtiment,
Ne deuroit pas auoir vn si fidelle Amant.

AMYNTE.

Trois fois le Moiſſonneur pour voir ſes granges plei-
  nes
De gerbes à comblé la ſurface des plaines ;
Et par trois fois l'hyuer à couuert les buiſſons
D'vn humide rempart de neige & de glaçons ,
Depuis ce iour fatal , ſans que cette cruelle
Ayt voulu ſeulement que i'approchaſſe d'elle ;
Tant m'eſt iniurieux le caprice du ſort ,
Qui fait que mon ſalut ne git plus qu'en la mort.

TYRSIS.

Si les Dieux permettoient qu'elle entendit ta plain-
  te ,
Pour moy ie ne croy pas qu'elle n'en fut atteinte.

AMYNTE.

Sans doute elle feroit pour croiſtre mon tourment
De méme que l'aſpic , qui fuit l'enchantement.

TYRSIS.

Eſpere en mes diſcours , i'auray cette puiſſance
De luy faire à la fin écouter ta deffenſe.

AMYNTE.

J'espere ie le veux, mais i'ay peur que iamais
Tous mes raisonnemens ne m'obtiennent la paix.

Ce bouquin se plaint de Siluie
Quil accuse de cruauté
Et dit quil a tant de beauté
Quelle en debuxoit estre rauie
Il vaute les traits de ses yeux
Que son teint rouge est gracieux.

Bien que sa laideur soit extreme
Cest le vice du temps qui cours
Aux champs aussy bien quen la cour
L'on est amoureux de soy mesme.

ACTE II.

SATYRE, LERIDAN, MONTAN, NERINE, TYRSIS, AMYNTE, DAPHNE.

CENE PREMIERE.

SATYRE. (seul)

Ire que les forests, infidelle Syluie,
Celuy là te connut bien contraire à sa
vie,
Qui premier t'apella de ce nom odieux.
Ah qu'il estoit parfait de l'esprit & des yeux,
Dans les sombres forests les Antres solitaires
Des vènimeux dragons sont les affreux repaires,
Et nourrissent souuent par de sombres détours
Les barbares humeurs des Lions, & des Ours;

D

Et tu caches, méchante au fonds de ta poitrine
Sous le trompeux esclat d'vne face diuine,
Qui se montre d'abord pleine d'humilité.
La hayne, le dedain, & l'inhumanité,
Monstres plus dangereux, plus fiers, & plus per-
　　fides,
Que ne sont les Lions ny les Ours homicides :
Car ceux cy par le temps peuuent s'appriuoiser,
Et ces autres iamais ne veulent s'appaiser.
Helas si ie t'apporte vn panier plein de roses,
Qui sont plus viuement dessus ta ioüe escloles.
O dur ressouuenir, qui m'arrache les pleurs,
Ton œil imperieux se mocque de mes fleurs.
Si ie te viens offrir des pommes que me donne
Auec mille autres fruits la Deesse Pomone,
Ie vois en mesme temps mepriser mon dessein,
Parce que tu les as plus rondes sur le sein.
Si ie te sacrifie en quelque belle cruche
Du miel que i'ay tiré le matin de la ruche,
Ton courage remply d'amertume & de fiel
Reiette ces douceurs qui me viennent du Ciel.
Du moins si tu ne veux pour léur bassesse extreme
Receuoir mes presens, ie me donne moy méme ;
Ne me refuse pas, ie t'ayme vniquement
Tu ne sçaurois trouuer vn plus fidelle Amant.
Pourquoy dedaigne tu, Nymphe par trop barbare,
Celuy qui te cherit d'vne amitié si rare.

I'oſe dire pourtant que tu deurois m'aymer
Nagueres ie me vis ſur le bord de la mer,
Lors que les aquilons depoüillez de leurrage
La montroient à nos yeux libre de tout orage;
Et que dans ſon enclos Neptune limité
Contre les Mariniers n'eſtoit plus irrité.
Là i'admiray l'eſclat de ma face ſanguine,
Mon eſpaule veluë & ma large poitrine,
Mes yeux eſtincelans, & tels que les rubis,
Dont l'Aurore au matin parſeme ſes habits,
Mon eſtomach nerueux, ma corne venerable,
Qui m'a rendu cent fois au combat redoutable,
Et reconnu tres bien dans ce mouuent tableau,
Que pour me faire aymer ie ne ſuis que trop beau.
Dailleurs ie ſuis ſi fort, qu'il n'eſt puiſſance hu-
    maine,
Que dez le premier coup mon bras ne rende vaine,
Temoignage certain de ma virilité.
Regarde maintenant ſi ie t'ay merité.
Peut-eſtre aymes tu mieux pour plaire à ton ca-
    price,
Ces ieunes Damoyſeaux, qui t'offrent leur ſer-
    uice,
Dont les cheueux rangez dans les regles de l'art,
N'ont pour toute beauté qu'apparence & que fard.
Ah que s'il eſt ainſi (cauſe de mon martyre)
Tu fuis bien le meilleur pour embraſſer le pire;

Car ſi tu les cheris en meſpriſant ma foy;
Apprens que tu cheris des femmes comme toy?
D'y leur qu' apres auoir pluſieurs peines ſouffertes,
Montant ſur le ſommet des montagnes deſertes
Ils combattent pour toy les Ours, & les Sangliers,
Pour voir s'ils reuiendront couronnez de lauriers.
Mais ce n'eſt pas mon front qui ſuſcite ta hayne,
Ny qui me fait ſouffrir vne ſi rude peine;
Ie ſuis aſſez pourueu de grace & de beauté,
Et tu n' as de l'horreur que pour ma pauureté.
Que les hommes des champs imitent bien les villes,
Ou Pluton dominant les ames ſont ſeruiles;
Sans luy l'on ne peut rien, il veut eſtre adoré,
En cet âge de fer dans ſon throne doré.
O quiconque tu ſois dans le creux du Tartare
Qui premier enſeignas d'vn naturel auare,
Forçant nos libertez par de mauuais deſirs,
De vendre ou d'achepter les amoureux plaiſirs
S'il plâit aux iuſtes Dieux de me vouloir entendre,
Soit maudite à iamais ta malheureuſe cendre.
Le ciel pour te punir faſſe qu'à tout moment,
Tout le monde ayt horreur de voir ton monument.
Puiſſent tomber ſur toy la foudre, & le tonnerre,
Que tous les elemens luy declarent la guerre;
Et que ton maudit corps dechiré par lambeaux
Ayt pour ſecond cercueil le ventre des corbeaux.

Sans doute il falloit bien que ton ame aueuglee
Fut en ses mouuemens & lâche & dereglee,
Lors que sans respecter Amour ny sa grandeur
Elle en voulut ternir la diuine splendeur.
Ie croy qu'en tous les lieux ou la terre feconde
Produit tant d'animaux, dont est remply le mon-
    de,
Ny dans les vastes champs, qui se font departis
A l'Empire flottant ou preside Thetis;
L'on ne sçauroit trouuer vn dragon si funeste,
Quand au lieu de venin il vomiroit la peste,
Qui ne fut moins à craindre, & moins nuisible
    encor
Qu'vn amour gouuerné par la force de l'or.
Que maudite à iamais puisse estre la memoire
De celuy qui l'osta de sa premiere gloire.
Que l'Enfer, que di-je, que luy fera l'Enfer
Si Pluton est le Dieu qui le fait triompher,
Mais ie me plains à tort de ma triste auenture,
Les animaux craintifs obligez à Nature,
Qui de les conseruer voulut prendre le soin
Sçauent si bien vser de leur force au besoin,
Le Cerf pour se deffendre est doüé de vitesse,
Le Sanglier de deffence, & le Tygre d'adresse,
L'inuincible Lion est armé de fureur,
L'ours d'animosité, la couleuure d'horreur,

Le Crocodile affreux de ses trompeuses larmes,
L'Elephant de sa trompe, & la femme de charmes,
Sus donc il me vaut mieux dans mon accez brûlant
Recourir aux rigueurs d'vn secours violent;
Et sans plus m'arrester aux paroles plaintiues,
Vser subtilement de ses prerogatiues;
Car si Nature a fait mon bras propre à rauir,
Ie croirois auoir tort de ne m'en point seruir.
L'on vient de m'asseurer que ma Nymphe inhumai-
    ne,
Doit bien tost se venir l'auer à la fontaine,
Ou l'amoureux zephir verra ses membres nuds
Faire de leur blancheur rougir ceux de Venus.
Là ie suis resolu caché sous vne roche
D'attendre accortement que la cruelle approche,
Et de l'aller rauir iusqu'au profond de l'eau,
D'eussay-ie dans l'eau méme elire mon tombeau?
Elle aura beau crier, elle aura beau se plaindre,
Pleurer pour m'emouuoir, se debattre, & se feindre,
Si le Ciel équitable en secondant mes vœux
Permet à cette main de tenir ses cheueux,
Ie ne demordray point malgré sa resistence,
Sans en auoir receu l'entiere ioüissance.

Pensez officieuses Ames
A secourir vn pauure amant
Afflige du cruel tourment
Deses respectueuses flames.
Daphne tu nes pas sans raison :
Le respect nest pas de saison

Pour acquerir quelque auantage :
Amour fauorise les coeurs
Remplis dardeur et de courage,
Et seuls les couronne Vainqueurs

SCENE II.

TYRSIS, DAPHNE'

DAPHNE'.

DE-ja plus d'vne fois de ses rayons do-
rez,
Le bel Astre du iour à les champs esclai-
rez,
De puis que i'ay connu qu'en son triste visage,
Amynte de l'Amour auoit peinte l'image.
Et pour le soulager ie l'ay long temps seruy
Aupres de la beauté dont son cœur est rauy
Mais l'on demoliroit les montagnes de Thrace
Plutost que d'emouuoir ce courage de glace,
Cette Nymphe cruelle à d'estranges appas,
Elle blesse les cœurs & ne les guerit pas.

TYRSIS,

Les filles ont ce don de connoistre l'vsage
Des plus aymables traits qui soient en leur visage.

Et sçauent diserner, par ie ne sçay quel sort,
Ce qui peut alleger, ou qui donne la mort.

DAPHNE'

Tu connois bien Amour & ses Metamorphoses.

TYRSIS.

Ne t'en étonne point ie sçay bien d'autres choses.

DAPHNE'

De qui tiens tu cet art admirable & diuin?
N'est-ce pas d'vn Genie, ou de quelque Deuin?

TYRSIS.

Celuy dont ie le sçay si tu le veux connétre,
Pour te desabuser est cet excellent Maistre,
Qui montre asseurement à voler aux oyseaux,
Aux poissons à nager dans le profond des eaux,
Aux Taureaux à mugir, aux Bergers leurs cou-
　　stumes,
Au Paon d'estre orgueilleux à l'aspect de ses plumes,
Et qui par des effets visibles & diuers
Se rend maistre absolu de tout cet Vniuers.

DAP-

DAPHNE'

Comment le nommes tu.

TYRSIS.

Si mon sens ne m'abuse.

DAPHNE'

Depesche promptement & laisse à part l'excuse.

TYRSIS.

Il ne m'en souuient plus, Attens i'ay deuiné.
Si ie ne suis trompé l'on l'appelle Daphné.

DAPHNE'

Tyrsis raille tousiours, & ce n'est pas merueille
Mais quittant ce discours pour me prester l'oreille,
Iuge vn peu de Syluie & de son bel esprit
Par vn trait merueilleux dont elle me surprit.
Assez prez des rempars de nostre grande ville,
Au milieu des estangs est vne petite Isle,
Que l'on doit preferer aux plus aymables lieux
Et dont Nature à fait les delices des Ceux.

E

Là ie la rencontray dans sa morne pensée,
L'œil fixe sur les eaux, & la teste baissée,
Qui sembloit admirer les diuines beautez,
Dont elle tient les cœurs de merueille enchantez.
Elle cueilloit des lys, des narcisses, des roses,
Qu'vne fraiche rosée auoit à peine écloses,
Et les portant d'abord par vn subtil dessein
Iusque sur la blancheur des neiges de son sein,
Sembloit rire de voir qu'à ce iour la nature
L'auoit bien coloré de plus viue painture,
Et qu'elle surmontoit d'vn esclat nompareil
Auantageusement ces filles du Soleil.
Puis apres les quittant elle contemploit l'onde,
Zephir faisoit voler sa cheueleure blonde,
Mille petits Amours s'egayoient sur ses yeux
Et les luy faisoient voir dans ces humides lieux,
Le Soleil la voyant dessus ces riues sombres,
Au lieu de sa clarté c'estoit reuestu d'ombres.
Les arbres n'osoient pas se mouuoir seulement
De crainte de troubler ce paisible element.
Les Graces assistoient à ce sacré mistere,
Et les Nymphes des eaux en ce lieu solitaire,
Faisoient de leur seiour, par vn destin fatal,
Pour la considerer vn tableau de cristal.
Enfin tout l'obligeoit de connestre vn visage,
Qui tenoit sous ses loix tant de cœurs en seruage,
Mais elle contemploit seulement la beauté,

Dont l'accomplit le Ciel en sa natiuité.
I'arriue en mesme temps sans qu'elle y prenne gar-
   de,
I'admire son dessein, ie ry, ie la regarde,
Et m'eclatte assez haut, mais me voyant venir
Elle iette les fleurs que ie luy voy tenir,
Se leue, me reçoit, quoy que pleine de honte,
Et puis pour m'abuser me debite ce conte.
Daphné que ie me plais d'admirer les ruisseaux
Qui vont dans cet estang porter leurs claires eaux.
I'admire ce bois verd, le silence y respire,
Et l'on s'y peut cacher à l'abry du Satyre.
Icy Diane peut auec la chasteté
Choisir pour se baigner vn lieu de seureté.
Mais en m'entretenant ie remarquois qu'à peine
Elle tiroit les yeux de dessus la fontaine,
Pour y voir ses cheueux sur son espaule épars,
Qui par de gros boüillons flottoient de toutes parts.
Comme si lors son cœur en prenant leur deffence,
Eut dit, ils sont tres bien en cette negligence
Je fis de l'ignorante, & ne temoignay pas
De sçauoir que c'estoit l'effet de ses appas.
Mais ie vys bien deslors qu'elle sçauoit les char-
   mes
Dont vn Dieu la pourueut pour ses diuines armes,
Et qu'elle auoit l'esprit extremement parfait.

T Y R S I S.

Vn tel recit Daphné m'a rendu satisfait
Mais ne feras tu pas qu' Amynte ayt l'auantage
De luy dire son mal par vn muet langage,
Ou qu'il ayt le bonheur de parler vn moment
Pour luy faire sçauoir comme il est son Amant.

D A P H N E'

Ie ne sçay, car Syluie à l'ame dedaigneuse.

T Y R S I S.

Et cét infortuné la trop respectueuse.

D A P A N E'.

S'il est de cét humeur son sort trop rigoureux
Sans doute le rendra pour iamais malheureux.

T Y R S I S.

Les Dieux seconderont ce Berger equitable,
Et si nous le voyons auiourd'huy miserable,
Pourueu que ton esprit le veille secourir.
Il est tres asseuré qu'il n'en sçauroit mourir.

Ie te coniure donc par l'eclatante gloire
Qui dans tes ieunes ans te donna la victoire
Sur les plus nobles cœurs de l'Empire amoureux,
De le fauoriſer, & de le rendre heureux.

DAPHNE'

Seconde mon deſſein ie luy rendray ſeruice.

TYRSIS.

Pour alleger ſes maux qu'eſt-il que ie ne fiſſe.

DAPHNE'

Et bien écoute donc comme infalliblement
S'il veut il peut finir ſon rigoureux tourment.
Tantoſt Syluie & moy deuons par cette plaine
Dans les eaux de criſtal d'vne claire fontaine
L'auer nos membres nuds, & partant ſi tu veux
Saiſi l'occaſion qui t'offre ſes cheueux.

TYRSIS.

Que nous ſert cet auis.

DAPHNE.

Il te ſemble friuole.
A de bons entendeurs ſuffit vne parole.

TYRSIS.

Maintenant ie comprens & connois ton deſſein,
Sans doute vn Dieu ſecret l'inſpire dans ton ſein
Mais ie crains qu'à ce coup il manque de courage.

DAPHNE'.

Qu'il en aille chercher ie ne puis dauantage,

TYRSIS.

Sans mentir ſon malheur eſt bien à aeplorer,
Puis que l'on ne veut pas l'entendre ſoupirer,

DAPHNE'

Parlons de toy Tyrſis n'es tu point dans les geſ-
    nes,
De l'amoureux Amynte, & dans ces mémes peines.

TYRSIS.

Lors que tu m'y verras les Cerfs paitront en l'air,
Les poiſſons periront faute d'eau dans la mer,
La Saone du milieu des Prouinces Celtiques
Jra porter ſes eaux dedans les Champs Perſiques.

Le Tygre obeissant à de seueres loix
Viendra pour abreuuer les riuages Gaulois.
Et tous les Elemens d'vne égale harmonie
Sans se persecuter viuront de compagnie.
Enfin tout perira deuant que de ce cœur
Amour pour me punir se declare vainqueur,
Mais laissons ce propos & va querir Syluie,
Puis qu'elle seulement peut conseruer la vie
Du plus sage Berger que l'on ayt iamais veu.

DAPHNE'.

Amene le du moins, d'asseurance pourueu.

SCENE III.

MONTAN, NERINE

MONTAN.

Erine le pensois que mon vnique
    fille,
  Seroit enfin l'appuy de toute ma fa-
    mille;
Et que ses petits fils vn iour dans sa maison
Chasseroient les rigueurs de ma vieille saison
Mais ie reconnois bien qu'auparauant la Parque
Poussera mon esprit dans la fatale barque;
Car les Dieux qui sont sourds à mes vœux innocens
Ont tous à contre-cœur l'odeur de mes encens.

NERINE.

Dequoy vous plaignez, les Dieux qui dans ces
    plaines
Font voir de leurs thresors tousiours vos granges
    pleines;

Vous

Vous temoignent aſſez auec quelle bonté
Ils épandent ſur vous leur liberalité.
Deux cens coutres tranchans pour vous fendent la
   terre,
Iamais parmy vos boys ne tomba le tonnerre,
Vous voyez chaque iour au deſſus des coupeaux
De nos mons ſourcilleux fourmiller les troupeaux,
Vous auez des moulins, vous auez des riuieres,
Des vignes, des maiſons, des Bourgades entieres,
Des ſeruiteurs ſous vous, & ſi dans ce bon-heur
Vous dittes que les Dieux ont pour vous de l'hor-
   reur,
Parce que vous voyez que l'humeur de Syluie
S'adonne aux paſſe-temps d'vne innocente vie,
Comme qui ne ſçauroit que par vn grand effet,
Les Dieux en fin rendant noſtre bon-heur parfait,
Nous verrons ſoupirer cette ame dedaigneuſe
Sous les cruels tourmens de la flame amoureuſe.

MONTAN.

Que ie ſerois heureux s'il arriuoit ainſi
Et que tu verrois bien diſſiper mon ſoucy!
Mais n'as-tu pas appris qu'elle eſtime prophane
Tout autre paſſe-temps que celuy de Diane.
Qu'elle adore ſes dards, qu'elle ayme les guerets,
Et que ſon ſeul ſeiour n'eſt que dans les foreſts.

LAMYNTE.

Si bien que c'est en vain que nous croyons, Nerine,
Qu'Amour subiuguera cette dure poitrine.

NERINE.

Le temps qui peut dompter les Barbares Lions
Pourra pareillement calmer ses passions.

MONTAN.

Toucher les passions de ce cœur insensible,
C'est pour ce destructeur une chose impossible.

NERINE.

Nos ayeuls ont bien veu de plus grands change-
mens.

MONTAN.

C'est le sort qui preside à tels euenemens.

NERINE.

Mais prenons que Syluie en son obeissance
Voulut vous contenter trompant vostre esperance?
Qui de tous nos Bergers pour legitime Epoux
Luy voudriez vous donner qui fut digné de vous.

MONTAN

Quoy ? tu ne sçays donc pas qu'Amynte est misera-
ble,
Puis qu'Amour la blessé d'vne playe incurable,
Et que ce pauure Amant du ruisseau de ses pleurs
Pour emouuoir ma fille à fait naistre des fleurs,

NERINE.

Des long-temps ie sçauois combien cette inhumai-
ne,
Causoit à son esprit d'amertume & de peine,
Et vous me rauissez de montrer auiourd'huy
Tous les bons mouuemens que vous auez pour luy.

MONTAN.

C'est en vain toutefois ? ô cruelle lumiere
Qui l'anças les clartez de mon heure premiere,
Que ne m'echauffas-tu par vn funeste accueil
Et que de mon berceau n'en fis-tu mon sercueil.
Et vous de qui les eaux d'vne douce saillie
Quittent par ces conduits les plaines d'Italie,
Que vous eustes grand tort de me donner des iours
Pour ne me donner pas au besoin du secours.

Pau fleuue imperieux, Si vous estes mon Pere
Que ne me rendez vous la fortune prospere;
Et que ne faites vous obeir à ma loy
Celle qui vient de vous aussi bien que de moy.

NERINE.

Flechissons les genoux, ce Dieu qui sort de l'onde
Rendra nostre destin le plus heureux du monde.

SCENE IV.

L'ERIDAN. (Sortant de l'onde.)

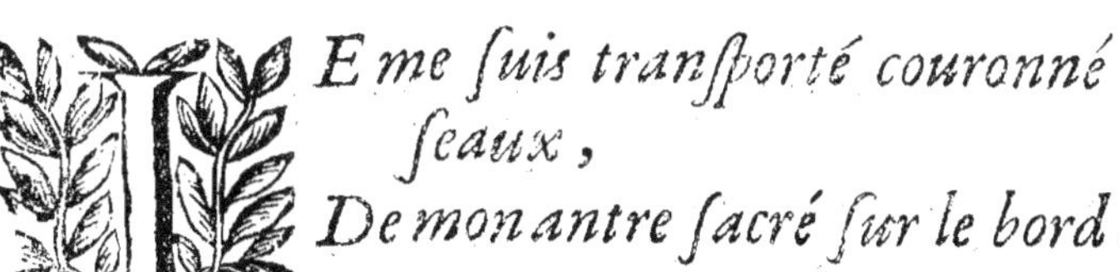

E me suis transporté couronné de ro-
　　　seaux,
De mon antre sacré sur le bord de mes
　　　eaux,
Pour t'apprendre mon fils ce que les destinées
Ordonnent sur la fin de tes vieilles années.
I'ay leu dans leur decret, ou i'ay veu que les Dieux
Chasseront ta douleur d'vn coup mysterieux;
Et qu'enfin tu verras finir cette auenture

Par l'effet le plus grand de toute la Nature,
Puis que ce méme effet par vn étrange effort
Ioindra les feux d'amour aux glaces de la mort.
Voila ce que i'ay leu dans ce sacré volume
Cherchant le sort des miens comme i'ay de couſtu-
me

SCENE V.

MONTAN, NERINE

MONTAN.

Dieux il disparoit, & l'Oracle qu'il
rend,
Au lieu de m'alleger, m'eſtonne & me
ſurprend.
Du bon-heur qu'il promet eſtrange eſt l'influance
Si de la ſeule mort il doit prendre naiſſance.

NERINE.

Puis qu'il vous à parlé ce n'eſt pas ſans ſuiet

MONTAN.

Pour moy i'ay dans l'esprit son discours pour obiet.

NERINE.

A peine pourrez vous conceuoir ce mystere
Laissez faire au destin, Montan laissez luy fai-
re ,
Et parmy vos regrets ne vous figurez pas,
Que pour guerir Amynte il faille le trepas.

MONTAN.

Nymphe ie te croiray ; mais raconte à ton frere
Combien de sa douleur Montan se desespere,

NERINE.

Mon frere sçait tres-bien de quel bon mouuement
Vous trauaillez tousiours à son contentement.
Et nous sommes certains que les Dieux fauora-
bles
Enfin écouteront les cris des miserables.

MONTAN

Ie le veux croire ainſi, car mon Pere en effet
Par ſon Oracle ſaint m'a rendu ſatisfait.

ACTE III.

SATYRE, AMYNTE, SYLVIE, TYRSIS, DAPHNE'

CENE PREMIERE.

AMYNTE.   (seul)

E ne sçay si Tyrsis a tenu sa promesse
En me faisant reuoir les yeux de ma
Deesse.
Ou si mon mal reduit jusqu'à l'extremité.
Ie dois par mon trepas chercher ma liberté.
Heureux que ie seray, si m'ouurant la poitrine
Syluie y voit les traits de sa face diuine;
Car il est tres certain qu'à moins que de guerir
Par vn etrange sort l'on me verra mourir.

SCENE

SCENE II
TYRSIS, AMYNTE
TYRSIS.

A My ie te surprens écoute vne nou-
uelle
La plus douce qui soit pour vne ame
fidelle.

AMYNTE

Depéche toy Tyrsis dis moy quel est mon sort,
Viens tu pour m'apporter ou la vie ou la mort !

TYRSIS.

Ie porte le salut que le destin te montre,
Si tu veux seulement aller à la rencontre,
Et que par vn effet du tout miraculeux
Tu veuilles te porter en homme courageux.

Si ta Maitresse estoit dans vne forest sombre,
Dont le Soleil iamais ne pût dissiper l'ombre,
Et que des monts chenus rangez de toutes parts,
Pour deffendre l'abbord en fussent les rempars,
En qu'il on remarquât dans de profonds repaires
Les cauernes des Ours, & des Loups sanguinaires,
Pour rauir son beau corps à leur barbare faim,
Irois tu promptement luy presenter la main.

AMYNTE.

Tout ainsi que le Cerf court à force d'halaine
Pour étancher sa soif dedans vne fontaine,
De méme l'on verroit son Amynte courir
Si le Ciel permettoit qu'il la pût secourir.

TYRSIS.

Si faut il toute fois beaucoup plus de courage,
Que si cette forest la retenoit pour gage.

AMYNTE.

I'iray par le milieu des rapides torrens,
Qui des plus hauts rochers par les plaines errans,
Encor que dans la mer leurs eaux se soient renduës
Vont tousiours s'accroissant par les neiges fonduës,

I'jray forcer Caron jusques dedans son port,
Méme i'arracheray les armes de la mort,
Puis repassant le Stix dans la fatale barque
Ie traineray captifs & Cerbere, & la Parque.
Enfin pour estre vn iour agreable à ses yeux
Ie me feray ça bas considerer des Dieux.

TYRSIS.

Ecoute.

AMYNTE.

Ie le veux contente mes oreilles,
Et ne me cele plus de si douces merueilles.

TIRSIS.

Confesse qu'il est vray que ton destin est beau.

AMYNTE.

Tyrsis que me dis tu.

TYRSIS.

Dans le prochain ruisseau
Tu peux voir a ce coup sur le corps de Syluie
Le Chef d'œuure parfait qui ton ame a rauie,

Et contempler en elle vn portrait animé
De l'obiet le plus beau, que Nature ayt formé.

AMYNTE.

Qu'eſt-ce que tu me dis? Quoy? la verray-ie nuë.

TYRSIS.

Ne croy pas qu'elle attende en ce lieu ta venuë.

AMYNTE.

Dure concluſion. Ah de quel deplaiſir
Ton diſcours importun vient mon ame ſaiſir.

TYRSIS.

Ne nomme point icy ma nouuelle importune,
Ie te veux procurer vne bonne fortune,
Si tu ſuis les aduis que ie te donneray.

AMYNTE.

Conſeille ſeulement ie te ſeconderay.

TYRSIS.

C'eſt que ſi tu me croys vſant de l'auantage
Tu franchiras le ioug d'vn ſi rude ſeruage.

AMYNTE.

Iamais ie ne fis rien qui luy fut ennuyeux,
Et le ſeul nom d'Amant me rendit odieux ;
Auſſi veux ie mourir pluſtoſt que de rien faire
Dans mon aueuglement qui luy puiſſe deplaire,
Ie ſçay trop le reſpeĉt que ſon œil mon vainqueur
Malgré ton vain conſeil exige de mon cœur.

TYRSIS.

Peut-eſtre que Syluie à ce iour repentie

Pour finir ton malheur à fait cette partie;
Et que voulant choisir quelque lieu destiné
Elle n'a point manqué d'en auertir Daphné.

AMYNTE.

Mais qui peut m'asseurer de ce bon-heur extreme.

TYRSIS.

Celuy qui te connoit, le seul Berger qui t'ayme

AMYNTE.

Pour moy ie ne croy pas qu'elle ayt assez d'amour,
Pour vouloir que mon mal se termine à ce iour.

TYRSIS.

Estimes tu qu'à moins de sçauoir son enuie
Daphné m'eut declaré le secret de Syluie,
Et qu'elle m'eut voulu donner l'occasion
De guerir ton esprit de cette passion;
N'eust-esté qu'elle sçait que cette ame inconstante
Ne cesse de bruler d'vne amour violente,
Marche donc sur mes pas, & ne differe plus
Ce bon-heur nompareil en discours superflus.

AMINTE.

Puis que tu me promets des bontez infinies
Et que ie pourray voir mes disgraces bannies,
Je mets entre tes mains & mon sort, & mes iours,
Car ie vay pour mourir, ou pour viure tousiours.

SCENE III.

SATYRE.　　(seul)

AH que ie suis rauy! le sort inestimable,
Qui paroit à mes feux auiourd'huy fa-
　　uorable,
　　Me fait bien éprouuer que ie suis plus
heureux
Que ne le fut iamais vn Syluain amoureux.
Incomparable iour ta lumiere eclattante
En rendant de tout point ma volonté contente
Forcera ma raison par vn coup nompareil
A frequenter tousiours les Temples du Soleil.
Non ie ne connoitray de supreme puissance
Que lors que l'Orient marquera sa naissance;
Car il merite bien, cet Astre glorieux,
Pour vn si grand bon-heur d'estre le Roy des Dieux;
Puis qu'en me redonnant ma premiere franchise
Il daigne méclairer en ma noble entreprise,
Et que par luy ie vay iouïr d'vne beauté,
Qui participe aux rays de sa douce clarté.

PASTORALLE.

O toy Dieu des Bergers, soit que dans l'Emonie
Des troupeaux infinis suiuent ton harmonie,
Ou que pres d'Ilion Scamandre sur ses eaux
Ecoute les accens de tes sept chalumeaux,
Pardonne à mon peché si i'offre vn sacrifice
A la diuinité qui me semble propice ?
Et si suiuant Phebus en m'éloignant de toy,
Ie ne veux plus que luy de seigneur ny de Roy.
Accuse cet enfant, dont la flame diuine
Alluma ce brasier au creux de ma poitrine,
D'autant que sans ses coups vn Satyre iamais
N'eut eloigné ses vœux de tes sacrez Palais.
Pense que s'il te fit par de sanglantes peines
Courir en furieux & les monts & les plaines,
A lors que tout brûlant d'vn chaloureux brandon
Tu poursuiuis Syringue aux riues de Ladon
Il peut facilement d'vne subtile amorce
Se glisser dans ce sein qui n'a pas tant de force.
Mais ie n'apperçoy pas que voicy le moment
Ou ie dois terminer mon rigoureux tourment,
Et que l'on me peut voir pendant que ie m'amuse
A former au Dieu Pan vne deuote excuse :
C'est pourquoy ie m'en vay me tenir en repos
Ce buisson que ie voy se presente à propos.
Icy ie veux cacher le dessein qui m'ameine,
Iusqu'à ce que Syluie estant a la fontaine,

Ie puiſſe recueillir l'agreable plaiſir,
Que ie me ſuis promis en la venant ſaiſir.

SCENE IV.

SYLVIE. (ſeule)

Oreſts, arbres ſacrez, deuotes ſolitudes,
Qui charmez les ſoucis & les inquietu-
   des,
Et ſur qui les pechez n'ont iamais irrité
Les foudres eternels de la Diuinité!
Ce n'eſt pas ſans ſuiet qu'en vous iadis Diane
Refuſant d'habiter la retraite profane,
De ceux de qui le cœur ayme la trahiſon,
Ietta les fondemens de ſa ſainte maiſon;
Car l'on goûte par vous les plaiſirs que l'enuie
Rauit dans les Citez aux douceurs de la vie;
Et vous diſtribuez ce que n'eurent iamais
Ceux que la volupté retient dans les Palais.
Vous eſtes la demeure ou regne l'aſſeurance,
Ou la tranquillité ſe ioint à l'innocence,

Ou

Ou n'abbordent iamais de l'âches ennemis,
On l'on ne reconnoit que les lois de Themis :
Enfin vous possedez de si rares merueilles
Que vous charmez d'abord les yeux & les oreil-
   les,
Me faisant auoüer qu'pres vous il n'est rien
Qui se puisse vanter d'estre vn souuerain bien,
Amour c'est donc icy qu'en dedit de tes flames
Ie gouteray les fruits des plus pudiques ames,
Et que ie garderay iusqu'à l'eternité
La glorieuse fleur de ma pudicité.
Ces rameaux seruiront d'appuy contre les bréches
Que me pourroient causer ces venimeuses fleches.
Et ce ruisseau sacré pourra par sa froideur
Me seruir de rempart à ta l'asciue ardeur,
Si bien que c'est en vain qu' Amynte à du merite,
Et que sa passion pour toy me sollicite,
Si tu ne m'as iamais par ta force charmé
Tu pourras maintenant te trouuer desarmé,
Bien qu' autrefois tu fis par vne telle guerre
Courber comme ton art les deux bouts de la terre,
Car comme quelquefois nous voyons sur les eaux
Le Pilote écoutant au tour de ses vaisseaux,
Les chants harmonieux des trompeuses Syrenes,
S'eloigner de leurs bords sur les humides plaines,
Sans permettre à leurs voix qui le veulent charmer
D'enseuelir son corps au milieu de la mer;

Ainsi tu me verras monter sur vne roche,
Plustost que de souffrir son importune approche,
Et de m'abandonner aux traits contagieux
Trempez dans le poison que tu mets en ses yeux.

SCENE V.

SYLVIE, DAPHNE'

DAPHNE'

yluie à ce qu'on voit n'est pas trop paref-
se.

SYLVIE.

Que le Ciel nous produit vne iournée heureuse,
Cette eau comme tu voys tres fauorable au bain
Paroist si belle aux yeux, & si fraische à la main,
Qu'on ne sçauroit douter que ce ne soit la place
Ou Diane se baigne au retour de la chasse;
Si tu m'en crois Daphné, quitte ton vestement,

Et te mets au millieu d'vn si clair element,
Ie te suiuray depres.

DAPHNE'.

                    Un sinistre presage
Qui me glace le cœur, & m'abbat le courage,
Me fait craindre pour toy qu'vne embûche des
    Dieux,
Ne te vienne rauir de ses aymables lieux.

SYLVIE.

Ie reconnois Daphné que ta bouche importune
Me veut parler d'Amynte, & de son infortune.
Mais si tu me cheris rompons sur ce propos,
Qui ne fait que m'aigrir & trouble mon repos.

DAPHNE'.

Les iustes Dieux qui sont nos juges equitables
Guerissent à la fin les hommes miserables.
Mais i'ay peur de sçauoir que ton œil abusé,
N'ayt de ses beaux regards quelqu'vn fauorisé.

SYLVIE.

Tu ne te peux tenir, & son nom sur ta langue
Sert tousiours de suiet à former ta harangue.
                              H ij

Si c'eſt doncques la peur qui te trauaille ainſi
Chaſſe de ton eſprit cet ennuyeux ſoucy,
Sans craindre que iamais ny luy ny tous les hom-
    mes,
Qui viuent dans l'enclos de la terre ou nous ſom-
    mes,
Se vantent qnelque iour en ſe mocquant de moy,
Qu'ils m'ont ſceu captiuer ſous l'amoureuſe loy.

DAPHNE'.

Ah que ce n'eſt pas le conſeil qu'il faut ſuiure,
Reſpirer ſans aymer ce n'eſt pas ſçauoir viure.

SYLVIE.

Et ſe forcer au point que de viure en aymant,
C'eſt trouuer le trepas preſqu' à chaque moment.

DAPHNE'.

Si l'Amour te pouuoit ranger ſous ſon ſeruage,
Tu quetterois bien toſt ce ſuperbe langage.

SYLVIE.

Lors que cela ſera l'on verra les hyuers
Nous produire des fleurs, & des ramages verds.

D A P H N E'.

Ie croy que tu succas le lait d'vne tygresse.

S Y L V I E.

Tu m'as assez parlé d'Amant & de Maistresse,
Mettons nos vestemens dessus cét arbrisseau,
Depéchons il est temps que nous entrions dans l'eau,

D A P H N E'. (Elle oste sa pre- miere iuppe.)

Donne ie t'ayderay, car ie te voys en peine.

SCENE VI.

SATYRE, DAPHNE, SYLVIE,

(Il court contre elle, & la prend par les cheueux.)   **SATYRE.**

Race aux Dieux tout va bien, ma fourbe n'est pas vaine,
Nymphes ie vous surprens vous serez mon butin,

SYLVIE.

O iour mal-encontreux : ô mal-heureux destin :

SATYRE.

C'est en vain que l'on veut resister de la sorte,
Vous perdez vostre temps, car vous n'estes pas forte.

DAPHNE'.

Comme la traites-tu ? Que fais-tu Bouc hideux.

SATYRE.

Retire toy d'icy visage langoureux.

DAPHNÉ.

Ah ie n'en feray rien.

SYLVIE.

Engence de vipere,
Vilain monstre cruel, horrible, sanguinaire
Quel Demon insensé pousse ta cruauté
A vouloir attenter à ma pudicité·

SATYRE.

En vain tu contredis, i'auray la iouissance,
Que le Ciel vient promettre à ma perseuerance.
Et ie t'auray bien tost reduite à la raison
Empoignant tes cheueux qui seront ta prison.

DAPHNÉ.

Au secours au secours, Amynte miserable,
Tyrsis, Ergaste, Elpin.

SCENE VII.

SATYRE, TYRSIS, AMYNTE,

AMYNTE.

Vne voix lamentable
Retentit dans les boys, cher Tyrsis, l'entens-tu.

TYRSIS.

Ie fay plus i'apperçois qu'on choque la vertu,
Vn Satyre puant d'vne brutale enuie,
Veut derobber l'honneur de la belle Syluie.
Accourons promptement punir cet effronté.

AMYNTE.

Plustost que le souffrir ie perdray la clarté.
Parlant de *Toy que sur l'Acheron, l'effroyable Cerbere,*
loing au
Saty. *Vomit en sa Fureur dans le flanc de Megere;*
Rouquin plein de laideur, & de defformité,
Le Sat. *Qui te fait profaner cette Diuinité*

Ce

Que te Sert Aminte fidelle
De chasser ce bouc effronté
Dont l'Infame Lasciueté
Pensoit triompher de ta belle :
Ces yeux honteux de son malheur,
Ces pleurs tesmoins de sa douleur

Cachent encore des malices :
Et tu receuras pour le prix
De tes secourables seruices
L'Ingratitude et le mespris.

6.

Ce dard te montrera te parçant sur la place
Que mon bras sçait punir vne orgueilleuse audace.

SATYRE.

Helas cruels destins, ce lâche m'a blessé.
Fuyons vn Second coup ; car il est insensé.

SCENE VIII.

AMYNTE.   SYLVIE.

AMYNTE.   en la deliant

Vous ne meritez pas , Deesse de mon
    ame ,
De tomber dans les mains de ce voleur
    infame.
Aussy les iustes Dieux pour punir sa rigueur
Ont animé mon bras de force, & de vigueur.
Mais pardonnez beau corps, qu'en mon ame i'adore,
Plus que ne fait l'oyseau le leuer de l'Aurore,
Si pour vous deliurer de vos lacs inhumains

I

Ie porte deſſus vous mes ſacrileges mains;
Ceſt la neceſſité qui m'oblige à le faire
Et non pas le dſſein que i'ay de vous deplaire.
Ah! que ce tronc fatal étreint de ces cheueux
Doit receuoir d'Amour, d'offrandes, & de voeux;
Ie croy qu'à l'auenir pour de ſi grands miracles
En faueur des Amans il rendra des Oracles.
Et qu'apres cet honneur qu'il reçoit auiourd'huy
Les peuples inconnus s'entretiendront de luy.
En fin vos bras n'ont plus d'empechement funeſte,
Ie m'en vay proptement délier ce qui reſte.
Daphné ſe pouuoit il qu'vn ſi lache attentat
Par vn Monſtre cruel la mit en tel eſtat.

SYLVIE.

Retire toy d'icy, retire toy prophane
Et ne m'approche plus, car ie ſuis a Diane
Ceſſe de me toucher, mes deux bras deliez,
Auront bien le pouuoir de deliurer me pieds.

(Elle s'en fuit.)   **TYRSIS.**

Daphné nous la perdons, ſuiuons cette inhumaine.

SCENE IX.

AMYNTE. seul.

U lieu de me tirer d'vne mortelle pèi-
ne,
Helas ie sçauois bien que les Cieux ir-
ritez,
Ne consentiroient pas à mes prosperitez,
Et que c'estoit en vain qu'vne foible esperance
A mon malheur fatal promettoit allegence.
Tyrsis, Daphné, Nerine, ambitieux plaisirs
Vous auiez bien flatté mes aueugles desirs,
Sans preuoir sagement que pour vn tel seruice
Elle m'ordonneroit vn rigoureux supplice,
Et qu'elle permettroit encor à sa raison
De sentir les effets de son premier poison.
Mais quoy! c'est son humeur, il faut que ie l'endure,
Il faut que mon amour supplee à cette iniure
Et puis que malgré moy ie luy suis odieux,
Ie dois en me perdant m'eloigner de ses yeux.

I ij

ACTE IV

AMYNTE, DAPHNE', NERINE, TYRSIS, ERGASTE.

CENE PREMIERE.

DAPHNE', AMYNTE,

AMYNTE.

Aphné tu me trahis quand trop of-
ficieuse
Tu m'arrachas le dard d'vne main en-
uieuse,
J'aurois trouué sans toy les plaisirs que la mort
Donne aux pauures Amans affligez de leur sort;
Aussibien ce delay n'empesche pas ma perte,
Et sans luy dans l'oubly d'vne peine soufferte

Par les champs bien-heureux prez du fleuue Lethé,
Ie viurois sans ennuy dans la tranquillité.

DAPHNE'.

Ne desespere point.

AMYNTE.

La douleur me surmonte.

DAPHNE'.

Ce n'est pas le dedain, mais bien plustost la honte
Qui nous la derobba ; ie connois son humeur.

AMYNTE.

Pour empécher ma fin tu flattes mon mal-heur.
Sans toy mon desespoir eut seruy de remede
Au mal contagieux qui mon ame possede,
Ie serois mort content de voir que son bel œil
M'eut montrè le chemin qui conduit au cercueil
Au lieu que maintenant mon esperance eteinte
En l'estat ou ie suis me reduit à la plainte?
Et que l'iniuste sort qui m'est si rigoureux
Me deffend le trepas, & me rend mal-heureux
Mais l'on ne peut trouuer rien de si deplorable
Que lors qu'on force à viure vn esprit miserable.

Pour me deliurer donc d'vn funeste soucy
Ie renonce à la vie & veux mourir icy.

DAPHNE'.

Si ton affliction te fait naistre l'enuie
De priuer nos forests d'vne si belle vie,
Et si pour ton regard comble de deplaisir
De nous la conseruer tu n'as plus de desir.
Souuiens toy pour le moins que par vn coup étrange,
De moment en moment la fortune se change,
Et que par ce moyen son instabilité
La pourra depoüiller de tant de cruauté.
Qu'elle peut en voiant ta peine terminée,
Te donner les thresors qu'vne seule iournée
Ta montré dans le sein, dont tu fus si charmé;
Et qu'enfin tu verras son couroux desarmé.
Si bien que si tu crois mon conseil salutaire,
Ton soin n'aura pour but que l'honneur de luy plaire.

AMYNTE.

Amour & la fortune ont iuré mon trespas,
Ils sont iustes tous deux & ne changeront pas.

Hé dieux quelles dures nouuelles,
Doncques ces membres tant aymez
7. Ont exercé Les dents cruelles
Diun nombre de Loups affamez,
Cruelle, mais belle Syluie
Ta mort me faict perdre La vie,

Deſſa ton ſort ſaiſit mon cœur,
Puiſſances des cieux Inhumaines,
Nauiez vous point de moindres peines
Pour la punir de ſa rigueur.

SCENE II·

NERINE, DAPHNE', AMYNTE,

NERINE. *(Tenant le voile sanglant de Syluie.)*

Elas! helas! faut-il que ma bouche reuele
Les accidens cruels d'vne triste nouuelle.
Et que i'aille nommer, comme vn sinistre oyseau;
Celle que les destins refusent au tombeau.
Miserable Montan, qui fus autrefois pere
Pleure, sage vieillard, ta prochaine misere,
Puis qu'vn coup impreueu de nos Dieux incon-
stans
A detruit ta maison sur la fin de tes ans.

DAPHNE'.

I'entens certaine voix qui plaintiue lamente.

AMYNTE.

Elle nomme Montan pere de mon Amante.

DAPHNE'.

C'est Nerine ta sœur.

NERINE.

Disons le toutefois,
Afin qu'en la cherchant dans le profond des boys,
Par le soin assidu de cent troupes rustiques,
Ils en puissent trouuer les funestes reliques
Ah! Syluie Ah! Montan Amynte infortuné?
Vous qui l'accompagnez, deplorable Daphné.

DAPHNE'.

Nerine que dis tu? Tes cris tu renouuelles
Quand tu parles d'Amynte; & lors que tu l'appel-
les.

NERINE.

Qu'auec iuste raison vn coup iniurieux
Fait tomber de douleur les larmes de mes yeux.

AMYNTE

AMYNTE.

Touché de quelqu'horreur mon estomach pantele,
Et mon sang rafroidy dans mes veines se gele.

DAPHNE'.

De grace conte nous cet accident fatal.

NERINE.

Pourray-je declarer ce detestable mal.
Il me faut toutefois en raconter l'histoire,
Puis-que l'euenement est frais à ma memoire,
Et que mes propres yeux en furent les tesmoins.

AMYNTE.

Conte le promptement pour nous affliger moins.

NERINE'

Syluie apres auoir par vous à la fontaine,
Ou le Satyre vid son entreprise vaine,
Euité les dangers qui choquoient son honneur,
Vint soudain me trouuer à son tres-grand mal-
  heur;

Et me follicita de quitter la houlette,
Pour m'aller diuertir aux forefts d'Elicette,
Ou les Nymphes eftoient à la chaffe ce iour.
L'ayant enfin fuiuie & fait le premier tour,
De deffous vn buiffon fortit à l'auenture
Vn Loup audacieux & grand outre mefure,
Syluie en le voyant prend fon dard à la main,
Puis courant pour frapper l'animal inhumain,
Luy porte deux grands coups au milieu de la tefte,
Defireufe d'auoir l'honneur de la conquefte;
Lors fentant la douleur il hurle par trois fois,
Et fe va rembufcher au plus fombre des boys.

AMYNTE.

La fin de ce difcours me fait changer de face.

NERINE.

Elle des auſſi toft le va fuiure à la trace,
Moy ie luy cours apres tenant vn autre dard,
Mais à mon grand regret ce ne fut que trop tard,
Car elle difparoit à mes yeux reculée,
Comme vn oyfeau qui prend de bien loin fa vo-
　　lée,
Ie me refous pourtant de marcher fur fes pas,
Mais les taillis épais ne le permirent pas.

I'interromps mon chemin, & deux heures entieres
Ie tasche à retourner à ses traces dernieres,
Ie m'agite, ie vay, i'essaye auec la main
Fendant les abrisseaux de me faire vn chemin.
Et si pour tout cela non plus que de sortie.
Ie ne voy plus le lieu duquel ie suis partie.
Et me troublay si fort que perdant la raison,
Ie pensay que les Dieux m'auoient mis en prison,
Pour me faire seruir au pied de quelque souche
De repas à la faim d'vne beste farouche.
Mais enfin me portant à de noweaux efforts
Ie m'ouuris vn chemin & des bras, & du corps.
Et paruins à l'endroit, où la forest plus rare
Me fit considerer vn accident barbare.
Ie vis vn voile blanc que Syluie portoit,
Et son dard tout sanglant pres de ce voile estoit.
Si ce premier abord pour elle me fit craindre
I'eus bien plus de suiet de pleurer & de plaindre,
Quand sans illusion & sans aucune erreur,
I'apperceu tout aupres vn obiet plein d'horreur.
Car ie vis sept grands Loups, dont les gueules bean-
    tes,
L'echoient auidement des carcasses sanglantes;
Mon sort fut si heureux qu'acharnez sur le point
Que i'amassay le voile, ils ne me virent point,
Si bien que i'eus moyen d'euiter leur carnage,
Et de vous raporter ce present qui m'outrage.

K iij

(*Elle presente
le voile.*) **AMYNTE.**

Nerine penses-tu de m'auoir si peu dit
Que mon cœur enflammé n'en demeure interdit.
Tu me donnes la mort me parlant de la sorte;
O sang, ô voile, ô dard, ma Syluie est donc morte.

NERINE.

Daphné court promptement iusqu'au prochain ruis-
seau,
Rappellons ses esprits en luy iettant de l'eau.

DAPHNE'.

Ma main à ce besoin en peut faire l'office.

NERINE.

Les Dieux puissent payer ce signalé seruice.

DAPHNE'.

Que crains tu ce n'est rien: il pasme seulement.

NERINE.

Mon frere parle moy.

DAPHNE'.

Son poux bat l'entement.

AMYNTE.   (Seueillant)

Douleur que tardes-tu, que d'liurant mon ame,
Tu ne coupes desia ma miserable trame.
Est-ce que tu voudrois que ce coup inhumain
Pour mieux me tourmenter fut celuy de ma main. En se le-
                                                uant
Ie te veux contenter, aussi bien voicy l'heure,
Que le Ciel irrité commande que ie meure.
Et c'est bien la raison que ses seueres loix
En prononcent l'arrest pour la derniere fois.
Mais Syluie n'est plus, & les Loups pleins de rage,
N'ont pas mesme espargné son celeste visage.
Elle est morte destins, qui iamais l'eut pensé,
Des animaux cruels ont son corps terrassé,
Animaux affamez, qui venant des montagnes,
Assaillez les brebis dans ces vastes Campagnes,
Ne connutes vous pas que vous beuuiez le sang
De ceux qui dans les cieux tiennent le premier rang,
Sa bouche dont les cris passoient pour des merueilles
Vous trounoit elle alors priuez de vos oreilles?
Ses yeux rares thresors si remplis de clarté,
N'auoient ils plus pour vous que de l'obscurité.

Cette bouche ou Zephir caressoit mille roses,
N'en auoit elle plus sur ses leures écloses,
Sa ioüe ou presidoient les Graces, & l'Amour,
Estoit elle sans eux, ou flestrie à ce iour.
Ce beau sein ou des Dieux la sagesse profonde
Sembloit auoir logé le plan d'vn double monde,
N'auoit-il plus l'eclat qu'autrefois il portoit,
Dont il sçauoit dompter quiconque resistoit.
Enfin ce noble corps qui par vous perd la vie,
N'appartenoit il plus à la Nymphe Syluie.
Et quand vous luy faisiez des vostres vn tombeau,
Cessoit il de charmer, cessoit il d'estre beau.
Il estoit bien, Mechans, pourueu des mesmes armes
Que lors qu'on adoroit ses inuincibles charmes.
Mais vous n'estes pas Loups, car si vous estiez tels,
Vous auriez reueré la Reyne des mortels.
Vous estes bien plustost d'execrables furies
Qui venez exercer icy vos barbaries
Ou de mauuais Demons que l'Enfer a lâchez,
Pour punir auiourd'huy nos infames pechez.
Mais soit que vous soyez, trouppe sale & gour-
          mande,
Des bourreaux enuoyez de l'infernale bande,
Ou bien que vous soyez hostes de ces forests;
Le Ciel darde sur vous ses homicides traits
Et puißiez vous vn iour par vn destin funeste
Voir entre vos pareils & la rage & la peste,

Ou vous entremanger pour souler vostre faim
En expiant l'horreur de cet acte inhumain.
Mais pendant que ie parle à ces bestes horribles
Croyant de moderer des douleurs si sensibles,
Qui me rendra Syluie, & ses premiers appas.
Qui la retirera de la nuit du trepas.
Sera-ce vous rochers qui l'auez cent fois veuë
Auec les raretez dont elle estoit pourueuë ?
Sera-ce vous forests ? Sera-ce vous ruisseaux,
Qui l'auez tant de fois retenuë dans vos eaux ?
Ou bien sera-ce vous agreables Campagnes,
Sur qui l'alloient cherchant les Nymphes ses Com-
      pagnes,
Et sur qui tant de fois les Syluins amoureux
Ont dressé pour l'auoir des pieges dangereux.
Non cela ne se peut, l'impitoyable Parque
Quoy qu'elle n'ayt passé dans la fatale barque,
Ne lairra pas venir ses beaux esprits errans
Pour ranimer l'ardeur de mes membres mourans.
Sus doncques ie m'en vay dessus la riue sombre
Par vn coup genereux te reioindre, chere Ombre;
J'en sçay bien le moyen; car desia dans mon sein
Tu sembles m'inuiter à ce noble dessein
Vers le prochain hameau s'eleue vn precipice,
Sur qui i'accompliray ce noble sacrifice,
Et sur qui l'on verra ce que i'ay merité,
Par le dernier effet de ma fidelité.

NERINE.

Il s'en va pour mourir, que ie fus rigoureuse,
De luy venir conter cette mort mal-heureuse.

SCENE III.

NERINE, DAPHNÉ.

NERINE.

On frere où courez vous ? Quoy voulez
vous mourir,

DAPHNÉ.

Sçais tu que nous ferons, il le faut secourir,

NERINE.

Comment le secourir sans tarder dauantage.

DAP.

DAPHNE'.

C'est qu'il s'en faut aller promptement au village,
Faire à tous les Bergers ce mandement expres;
Que sans deliberer ils le suiuent de pres.

NERINE.

Accourons donc Daphné sans souffrir que sa vie.
Se perde au souuenir de la mort de Syluie.

DAPHNE'.

Allons y de ce pas, mais differe vn moment
D'apprendre au vieil Montan ce soudain change-
ment.

L

SCENE IV.
TYRSIS, ERGASTE.
TYRSIS.

Omme ie te disois ayant perdu ma pei-
ne,
Ie viens pour retrouuer Amynte à la
fontaine,
Mais il estoit party, ce qui m'etonna
fort,
Car de-ja tout confus il couroit à la mort.

ERGASTE.

Ceux qui sont amoureux en vsent de la sorte
Lors que quelque dedain leur courage trans por-
te,
Et par vn faux semblant inuoquent le trepas ;
Mais si la mort venoit ils ne l'attendroient pas.

TYRSIS.

Il est reduit au point qu'à moins qu'être luy mes-
me,
Il ne sçauroit gemir sous vn mal plus extreme.

ERGASTE.

Mopse qui sçait parler la l'angue des oyse-
aux,
Qui tient sous son pouuoir & la terre & les eaux,
Ce maistre souuerain qui force la Nature
Autre-fois luy predit sa fatale auenture,

TYRSIS.

Seroit-ce bien Mopse en qui l'on voit des
yeux,
Qui iettent le venim d'vn sort contagieux :
Et qui par cent moyens nous deguisans sa mi-
ne,
Cache la trahison qu'il couure en sa poitrine ;
Si tu parles de luy tu me resiouis fort
Et nous sommes certains qu'Amynte n'est pas
mort.

Car tout ce qu'il predit d'vne voix effroyable
N'eut iamais de succez n'y de fin veritable.

EGRASTE.

Par ou reconnois tu son langage russé,
Sur vn mesme suiet t'auroit il abusé,

TYRSIS.

Voy comme ie l'ay sceu sortant d'adolesence.
Vn iour ie desiray d'auoir sa connoissance ,
Car alors abusé ie discourois de luy
De la méme façon que tu fais auiourdhuy.
Cependant le desir d'aller en cette ville ,
A qui le Dieu du Pau porte vne onde seruile ,
Me vint saisir l'esprit sans que Mopse le sceût
Mais en me regardant le traitre l'aperçeut,
Et me dit tu vas voir cette ville ou la pompe
Entretient vainement les esprits qu'elle trompe.
Ou sans crainte des Dieux on voit les Citoyens
Voler le bien d'autruy par de subtils moyens.
La tu rencontreras des Courtisans iniques,
Qui se mocquent toujours de nos pauures Rustiques ;
Et qui dans leurs discours pour amuser les sols
A la Cour des grands Roys disent de nouueaux
    mots,

Prens donc garde, mon fils d'aller ou plus éclatte
La nouuelle façon, l'argent, ou l'écarlatte,
Et tâche d'euiter, comme preſtigieux,
Vn Palais éclattant ou l'or charme les yeux.
Lors ie luy demanday quel Palais pouuoit eſtre
Celuy que ſon diſcours vouloit faire connoitre;
Si bien que pourſuiuant le propos auancé
De la meme façon qu'il l'auoit commencé.
La dedans, me dit il, ſous vn corps fantaſtique
Ses hoſteſſes font voir par leur vertu magique
Du cuiure rafiné pour de l'excellent or,
Et des lingots de fer pour vn rare threſor.
Là par des cris charmans les murailles parlantes
Et plus que ne le ſont les ſaphirs, eclattant,
Rendent à tous momens preſqu'aux plus reculez,
D'vn miracle inoüy des tons articulez,
Non point comme l'Echo pres de quelque riuiere
Mais les propres accens d'vne parole entiere,
Et repetant bien plus qu'on ne leur en à dit
Laiſſent aux aſſiſtans le courage interdit.
D'eux mémes les chalits ſe changent de leur pla-
ce,
Les traiteaux vont ſautant, & le feu deuient glace
Tout parle la dedans juſques aux animaux,
Mais mon fils, me dit-il, ce ſont les moindres
maux;

Car tu pourras y voir de plus étranges choses,
L'on n'vse en ce lieu là que de Metamophoses.
Et tu courras danger de deuenir taureau
Ou saule, ou Leopard, ou flame, ou bien ruisseau.
M'ayant ainsy parlé d'vne assez froide mine
Ie pris congé de luy puis apres ie chemine
Tant qu'enfin iarriuay sans incommodité
Iusque dans le milieu de la grande cité.
Or comme ie passois vn iour pres d'vne porte
Que cent barres de fer ne rendoient que trop for-
　　te,
I'entendis resonner par trois diuerses fois
Des chants miraculeux, & de diuines voix.
Lors vn grand Cheualier voyant que mes oreilles
Se laissoient enchanter à ces rares merueilles,
Sortit pour m'inuiter d'entrer en ce Palais,
Ou l'on voyoit regner la iustice & la paix;
Ah que ne vis ie point ? des Nymphes bien coif-
　　fees,
De nouuelles clartez, & d'excellens Orphées,
De qui les doctes doigts par de doux tremblemens
Faisoient mouuoir le corps de tous les Elemens.
L'on y voyoit encor l'Aurore diuisée
De ces Chantres sacrez couuerte de rosee,
Telle qu'elle paroit quand laissant ses autels,
Elle se va placer entre les immortels.

Apres ie vis Phebus, & les sœurs du Parnasse,
Entre qui méme Elpin occupoir vne place.
Lors ressentant l'effet d'vne telle Maison,
Je ne sçay quel pouuoir me changea la raison,
Animé de fureur au profond des entrailles
Plein de diuinité ie chantay des batailles,
Iusque là qu'en ces boys estant depuis venu
Ce style en mon esprit s'est toujours retenu,
Car la mienne depuis sur les autres musettes
A pris le méme son que celuy des trompettes:
Mopse m'en sorcela m'entendant resonner
Et iamais plus depuis ie n'ay pû fredonner.
Reconnoy maintenant comme cette ame noire
Si digne de l'Enfer ne se doit iamais croire.

ERGASTE.

Ce glorieux recit me plait extremement,
Amynte n'aura pas vn si rude tourment.
Ou penses tu qu'il soit.

TYRSIS.

    Sil est encore en vie
Et si par desespoir il ne se l'estrauie,
Dedans l'antre d'Elpin il sera retiré,
Et la ie le verray d'vn visage épleuré.

Meditant les horreurs d'vn rigoureux supplice,
Accuser tous les Dieux de manquer de iustice.

ERGASTE.

Adieu pres de ce mont aux simples oyselets
Ie vay dresser des lacs & tendre des filets.

Bergers qu'Amynte ne vous quitte,
Retenez ce desespere,
Voyez a son œil esgare
Combien de fureurs Il medite:
Desja Les horreurs de la mort,
Les desseins d'un tragique sort

Se peuuent lire en son visage:
Mais quoy! vous estes aueuglez,
Et ne craignez point le presage
De ses mouuemens desreglez.

8

ACTE V.

D APHNE', SYLVIE, NERINE,
ERGASTE, TYRSIS, ELPIN,
ARISTIDE, MONTAN,
AMYNTE.

CENE PREMIERE.

DAPHNE', SYLVIE,

DAPHNE'.

Erine m'auoit dit qu'elle te croyoit
morte.

SYLVIE.

Elle auoit bien raison de parler de la sorte.
Car iamais ie ne fus en vn danger si grand.

M

DAPHNE'

Ce discours quoy que faux de crainte me surpend,
Lors que ie me souuiens qu'vne étrange auenture,
Voulut perdre l'honneur de toute la Nature,
Mais de grace dis nous par quel destin heureux
Tu pûs te garantir d'vn mal si dangereux.

SYLVIE.

Ie poursuiuois vn Loup à trauers les broussailles,
A qui d'vn dard i'auois fait rougir les entrailles,
Croyant qu'apres ce coup par vn second effort
Du moins ie gaignerois la victoire en sa mort.
Cela n'arriua pas, car apres vne chasse
Qui dura fort long temps mon œil perdit sa trace;
Lors voyant que mes pas n'estoient que superflus,
Ie resolus enfin de ne le chercher plus.
Ie m'en retournay donc mais passant pres d'vn antre
Ie vis six autres Loups qui remplissoient leur ventre,
De la chair d'vn taureau qu'ils auoient egorgé.
Aupres d'eux l'on voyoit contre vn arbre rangé,
Vn qui couuert de sang pour arracher la fleche
Qu'il auoit dans le corps agrandissoit sa breche,
Ie l'approche de pres lors d'vn cry plein d'effroy
Me connoissant tres bien, il s'elance sur moy,

J'attens sans m'etonner, & mon dard dont l'ad-
   dreſſe
Menaçoit de punir cette beſte traiſtreſſe,
S'eloigne de mon bras, reſolu par ſon flanc
De faire ruiſſeler le reſte de ſon ſang.
Mais au lieu de frapper cet animal farouche
Il s'en alla poſer dans le pied d'vne ſouche ;
Le Loup qui l'apperçoit étincelle des yeux
Hurle effroyablement, & deuient furieux,
Puis ſe iette ſur moy ſi tranſporté de rage,
Qu'à ne t'en point mentir ie perdis le courage,
Ie ſentis dans le ſang vne ſecrette horreur,
Qui me fit redouter ſa barbare fureur.
Et qui me conſeilla de ne le plus pourſuiure
Si i'auois le deſir de plus longuement viure
Apprens ce qui m'auint en courant par le boys,
Je laiſſay choir à bas vn voile que i'auois,
Parce qu'il m'empeſchoit d'euiter ſa pourſuitte,
Et qu'il diuertiſſoit le bon-heur de ma fuitte,
Voila donc le ſuiet d'ou procedent vos pleurs.

DAPHNE.

Ie trouuerois bien mieux la fin de mes douleurs,
Si voyant auiourd'huy ſans danger ma Syluie,
De la meſme façon vn autre eſtoit en vie.

M ij

S Y L V I E.

Daphné de quelle mort maintenant parles tu?

D A P H N E'

Du miracle inoüy d'vne rare vertu,
C'eſt enfin ce Berger ſi digne de ta plainte,
Qui de ſa propre main a ſa lumiere eteinte.

S Y L V I E.

Daphné comme eſt-il mort? Ah miſerable Amant,
Tu ne meritois pas vn ſi dur traitement.

D A P H N E'

Ie ne ſçay ſi l'effet en ſera veritable,

S Y L V I E.

Faſſe le Iuſte Ciel que ce ſoit vne fable.

D A P H N E'

Ie croys aſſeurement qu'il n'eſt que trop certain

SYLVIE

Peut-estre il n'aura pas vn si mauuais destin.
Mais qui le peut forcer à mourir de la sorte.

DAPHNE'

Aucun autre suiet sinon qu'il te creut morte.

SYLVIE

Parle plus clairement ou ie ne t'entens pas.

DAPHNE'

Le deplaisir qu'il eut d'apprendre ton trepas,
La sans doute forcé par le Fer ou la flamé
D'aller dans les Enfers pour reioindre ton ame.

SYLVIE.

Peut-estre, chere sœur, que par le mesme sort
Qui me fait voir le iour il ne sera pas mort.

DAPHNE'.

Ah ! que tu ne sçays pas combien vn mal extreme,
Peut forcer les esprits dans le temps que l'on ayme;

Et combien de conseils nous donne la douleur,
Alors qu'elle nous voit dans vn profond mal-heur.
Apres qu'il t'eut si bien seruie à la fontaine
Et que par vn mepris recompensant sa peine.
Des lors que tu te vis les pieds en liberté
Tu t'en allas cacher parmy l'obscurité;
Sans moy dessus son dard il eut finy sa vie
Pour voir, comme il disoit, ta colere assouuie.
Depuis ayant appris qu'vn Loup iniurieux
T'auoit pour tout iamais eloigné de nos yeux;
Ie vis comme il pasma d'vne douleur amere
Pour cette horrible mort qui n'est qu'vne chimere,
Et comme estant sorty de cette pamoison,
Des lors qu'il pût auoir l'vsage de raison,
Il accusa le Ciel de son peu de iustice,
Et courut furieux preparer son supplice.

SYLVIE.

O tristesse, ô douleur, Allons le secourir,
Auant que de sa main il se fasse mourir;
Car puis qu'il veut mourir croyant morte Syluie,
Il doit viure, Daphné, puisque ie suis en vie.

DAPHNE'.

Quand nous suiurions ses pas, les nostres seroient
    vains,
Il ne peut receuoir du secours de nos mains.

SYLVIE.

Helas quel deplaisir afflige ma pensée,
D'auoir quand il viuoit sa belle ame blessée,
Et que ie me repens de cette cruauté
Que ie soulois voiler du nom d'honnesteté.

DAPHNE'.

Que vois-ie maintenant, ce cœur tant indompta-
ble
A son mal-heur fatal se rend inconsolable.
Mais ie croy que ces pleurs sont des traits de pitié.

SYLVIE.

Ils en sont en effet, & de son amitié.

DAPHNE'

Amynte infortuné, tu fis comme l'auette,
Qui sortant sur le soir de sa sombre logette
Picque quelque Pasteur inconsiderement,
Et laisse en méme lieu la vie & le tourment.
Ainsy nous te voyons à ce cœur inuincible
Ne donner qu'en mourant vne douleur sensible.

SYLVIE.

Que ne m'eſt il permis de pouuoir à ce iour
Ranimer cét Amant au prix de mon amour.

DAPHNE'

Cela ne ſe peut plus , car trop tard ta ieunef-
ſe ,
A pris pour le guerir l'amour & la ſageſſe.

SCENE

En fin ſyluie rigoureuſe
Sa mort te touche de pitie'
9   L'excex d'vne telle amitie'
Te rend, mais trop tard amoureuſe.
Suiuant vn exemple ſi beau
Va ten' ſaymer dans le tombeau.

N'ayant ſceu l'aymer en la vie
On dira qu'en Amynte vn Iour
D'amour vint ſa mort, en ſyluie
La mort a faict naiſtre lamour

SCENE II.

ERGASTE, SILVIE, DAPHNE,

ERGASTE.

Ieux que i'ay de terreur, que i'ay de
   deplaisir
Et qu'vn rude transport vient mon
   ame saißir.

DAPHNE'.

Ergaste qui t'oblige à faire cette plainte.

ERGASTE.

Ie viens vous annoncer la mort du pauure Amyn-
te.

DAPHNE'

Ie t'auois bien predit qu'il ne manqueroit pas
Apres ton feint mal-heur de courir au trepas.

N

SYLVIE.

Raconte nous au long cette triste nouuelle
Qui me glace le cœur d'vne atteinte mortelle.

ERGASTE.

Je le croy ce Berger si digne de renom,
Ainsi qu'il expiroit, appella voſtre nom.

DAPHNE'.

Du moins raconte nous cette tragique hiſtoire

ERGASTE.

Ie voudrois de bon cœur n'auoir point de memoire,
Ie t'endois des filets ſur le bord des ruiſſeaux,
Et i'auois de-ja pris vn bon nombre d'oyſeaux,
Lors qu'Amynte paſſant le viſage ſi bléme,
Qu'on ne pouuoit iuger qu'il ſut encor luy meſme,
Me dit, Ton œil Ergaſte en ſera le témoin,
Mais iure moy deuant de ne voir que de loin;
Car ie te montreray pres de ce precipice,
Si tu viens auec moy, le plus grand ſacrifice
Que l'on ayt iamait fait dans le temple d'Amour,
Par qui dans l'vniuers s'eterniſe ce iour.

Moy qui ne croyois pas qu'vn desir sanguinaire
Sollicitât son corps à se vouloir deffaire,
Ie iuray par Pallas, par Pan, par Iupiter,
Que iamais ie n'irois son dessein arrester,
Ayant fait ce serment ie suis, & l'accompagne
Iusques sur le sommet d'vne haute montagne,
Dont nous considerons le precipice affreux,
Lors Amynte riant d'vn souris amoureux,
Apres que ie me fus eloigné, fit entendre,
Ces mots qui contraignoient les Marbres de se fen-
dre.
Solitaires vallons, rochers, plaines, & boys,
Halas écoutez moy pour la derniere fois.
Ah s'il estoit permis que les Loups effroyables,
Qui n'epargnerent pas des attraits adorables,
Me perdissent grands Dieux mon destin seroit
beau,
D'auoir en les soulant leur ventre pour tombeau.
Car i'aurois le bon-heur d'abandonner la vie
De la mesme façon que ma belle Syluie.
Que si ie ne puis pas m'exposer à leur faim
La mort m'appellera par vn autre chemin.
Syluie au moins reçois mon ame languissante
Si tu me voys mourir n'en sois point m'écontente,
Souffre en changeant pour moy ton cruel sentiment,
Qu'aux Champs Elisiens ie viue ton Amant.

Montre moy s'il se peut que les traits de l'enuie,
Ne peuuent trauerser vne seconde vie.
Puis en me regardant il conclud, Tu diras
Aux Bergers de ce lieu tout ce que tu verras.
La finit son discours, car la teste premiere
Dans les vallons deserts il fit son cimetiere,
Sans qu'il me fut possible en le voyant mourir,
Comme vn amy parfait, de l'aller secourir,
Car plus froid qu'en hyuer n'est la plus dure glace
Ie demeuray long temps sans bouger d'vne place.

DAPHNE'

Miserable Berger auois tu merité
Ce rude chastiment pour ta fidelité.

SYLVIE.

Pourquoy ne retins tu sa main desesperee
Estoit-ce par foiblesse, ou par la foy iurée.

ERGASTE.

Cette necessité qui n'auoit point de loy
Ne me permettoit pas de luy garder ma foy.
I'emportay ce cendal qu'il auoit pour ceinture,
Mais ie ne pû iamais forcer sa sepulture ;

Parce qu'il se rompit par les mortels efforts
Que faisoit parmy l'air la force de son corps.

DAPHNE.

Que deuint-il apres.

ERGASTE.

Ie ne le sçaurois dire.

SYLVIE.

C'est assez en parler puisque desia i'expire.
Ah puis qu' Amynte est mort par vn sanglant proiet
Ne dois-ie pas mourir si i'en fus le suiet.
O cendal inhumain, cendal mille fois traitre,
De n'auoir diuerty le mal-heur de ton Maistre
Si pour le soutenir contre vn si dur effort,
Tu n'as pû l'arrester, ie te croys assez fort.
Pour m'emproyer à luy sans que luy mesme arriue,
Afin de me chercher sur l'infernale riue,
Et qu'il ayt demandé d'vn parler amoureux
Si ie n'ay point passé dans les champs bien-heureux.
Toy si tu me cheris ne verse plus de larmes
Contre vn mal-heur si grand, prens de plus fortes
    armes.
Qu'auec peu de raison i'ay blamé tes auis
Que i'eusse bien mieux fait de les auoir suiuis.

Ie n'aurois pas perdu d'vn courage barbare
Ce que tout l'Vniuers vid iamais de plus rare.
Que si i'ay le bon-heur d'auoir ton amitié,
Se ie puis témouuoir par des traits de pitié,
Viens t'en m'accompagner iusqu'à ces lieux fune-
　　stes,
Qui conseruent encor des miserables restes,
Afin que sur son corps qui se brisa pour moy,
Par vn coup glorieux ie signale ma foy.

DAPHNE'.

Ie veux de tres-bon cœur te rendre ce seruice,
Est-il rien que pour toy mon desir n'accomplice.

SYLVIE.

Ergaste mene nous au vallon endurcy
Ou finit son destin.

ERGASTE.

Il n'est pas loin d'icy.

DAPHNE.

Seiche, seiche les pleurs qui te baignent la face,
Ie m'en vay t'y mener, i'en reconnois la place.

Amans finissez vos suplices,
Le ciel vous a voulu querir:
Et vous faict trouuer vos delices
Dedans le dessein de mourir
N'accuse plus les dieux, Amynte
Et toy, siluie, sois attainte

De quelque secret repentir
D'auoir faict tant de resistance,
Quand Amour te fera sentir
Les douceurs de la Iouyssance.

SYLVIE.

Adieu Nymphes Bergers, prez, montagnes, forests,
Adieu pauure Montan, adieu pour tout iamais.

SCENE III

ARISTIDE, MONTAN, ELPIN, TYRSIS, AMYNTE.

ARISTIDE. (disciple d'Esculape.)

Ergers ie vous promets qu'elle n'est
pas mortelle.

MONTAN.

Mais helas croyez vous qu'elle ne soit pas telle.

ARISTIDE.

Il n'a rien de rompu, ie sçay sa guerison.

MONTAN.

Il est vn peu meurtry.

ARISTIDE.

C'estoit bien la raison
Qu'il se deut ressentir d'vne si dure atteinte.

MONTAN.

I'apprehende pourtant , & i'en tremble de crainte.

ELPIN.

Portez vos yeux en haut, & voyez ce rocher
Que les pieds sans effroy ne peuuent approcher,
Là vous apperceurez vn gros mouceau d'épines,
Que le Berger choqua , mais de qui les racines
Ne pouuant soustenir ce fardeau precieux,
Tomberent dessous luy deuant mes propres yeux.

TARSIS.

Mais n'apperçois-je pas la diuine Syluie,
Qui vient pour redonner à son Amant la vie.

SCENE

SCENE IV.

SYLVIE, DAPHNE', TYRSIS, AMYNTE, MONTAN, ARISTIDE, ERGASTE,

SYLVIE. (Se iettant sur Amynte)

Bjet le plus sanglant que mes yeux
  sçauroient voir,
Qui fais que ma douleur ne se peut con-
  ceuoir.
Beau corps failloit-il donc que tu laissas ton ame
Pour chercher aux Enfers le suiet de ta flâme,
Ah qu'il la bien fallu puisque ma cruauté
Ne pouuoit se flechir par ta fidelité.

AMYNTE. (En leuant les yeux)

Ie t'ay cherché long temps dans ces heureuses plai-
  nes
Et i'ay veu plus long temps mes esperances vaines.

O

LAMYNTE

A moins qu'd' venir dans le fleuue Lethé
I'alois pour   lier ton inhumanité.
Mais puis que ton amour te mene en cette terre
Ou tes facheux mépris ne me font plus la guerre,
Ie me resous enfin de perdre ce desir
Et de gouster en paix vn honneste plaisir.

SYLVIE

Mon cœur tu vis encor contre mon esperance
Et le Dieu des Amours embrassa ta deffence,
Ce sont icy les boys au preside Cypris,
Ces Bergers que tu vois ne font pas des esprits.
Que si tu ne le croys considere à ton ayse
Et reconnois du moins celle la qui te baise.

DAPHNE'

Qui peut s'imaginer ce bon-heur non-pareil.
Voyez comme Syluie a pris le teint vermeil.

AMYNTE.

Mes yeux font deßillez, & ie voy que nous fom-
    mes
Maintenant dans les lieux ou viuent tous les hom-
    mes,
Mais terminerez vous mon penible tourment.

SYLVIE,

Tu me possederas non plus comme vn Amant,
Mais comme mon Epoux.

MONTAN.

Berger je la vous donne.

AMYNTE

Ie prise plus ce don qu'vne riche Couronne,
Et ie me sens guery de toutes mes douleurs.

ELPIN.

Miraculeux effet qui change les humeurs.

AMYNTE. Il la baise

Mais pour mieux m'asseurer en vous rendant homa-
ge,
Permettez qu'vn baiser en puisse estre le gage.

CENE DERNIERE.

NERINE, MONTAN, AMYN-
TE, TYRSIS, SYLVIE.

NERINE,   (Arriue.)

On frere n'est pas mort n'y Syluie non plus
Donc sans perdre le temps en dis-
*   cours superflus,*
Accourons le baiser. Quoy vous
*   estes en vie,*
Et vous possederez vostre ingrate Syluie.

AMYNTE.

Tu vois comme les Dieux estiment les Mortels
Qui portent du respect à leurs sacrez autels.
Mais ie croirois Bergers que ce iour fauorable
Dans les siecles futurs seroit considerable,
Si par vn double hymen il pouuoit s'acheuer,
Tyrsis, pauure Tyrsis, tu me sembles resuer,

Nerine à ton auis peut-elle estre asseʒ belle
Pour mettre à la raison ton ame si rebelle,
Contre les loix d'amour.

TYRSIS.

Bien que i'eusse voulu
Ne me ioindre iamais sous ce ioug absolu,
L'honneur que l'on me fait m'apporte tant de gloire,
Qu'il faudra malgré moy luy donner la victoire,
Mais Nerine peut-estre à qui ie n'ay iamais
Raconté mon amour dans nos sainctes forests,
Ne s'acordera pas à ce bon-heur extreme.

NERINE.

Vous cherisseʒ Amynte, & i'adore qui l'aime.

TYRSIS.

Puis que vous me iugeʒ digne de cet honneur
Ie sçauray m'acquitter d'vne telle faueur.

MONTAN.

Nerine n'est-ce pas ce que me dit mon Pere.
Qu'vn seul coup de la mort finiroit ma misere:

Et que dans peu de temps vn Dieu miraculeux
Par son diuin pouuoir nous vouloit rendre heureux.
Sus qu'vn chacun de nous deuot à mon exemple,
Pour le remercier sachemine à son Temple.
Puis ayant presente des precieux encens,
Et celebré ce iour par des ieux innocens,
Nous irons accomplir cette meme iourneé
Le festin solennel de ce double hymeneé.

FIN.